180度の奇跡

学校が変わった

田中量雄　著

一茎書房

目次

はじめに

「校長、あなたの実践を見せてほしい！」

三十代の血気盛んな川吉剛先生が、すごい勢いで校長室に飛び込んできました。

安来市立社日小学校に異動した四月の職員会議で、私の学校経営方針を出した直後のことです。彼はその時、筑波大学付属小学校のある国語教師を崇拝していて、その方向とはいろいろな意味で違う方針を示した私のことをうるさく感じたのでしょう。そのことが我慢しきれぬほどの怒りとなり、校長室にやって来たのです。

「校長のきれいごとの方針は、これまで様々な校長からさんざんに聞き飽きた。理屈ばかり言って。現役の時にろくな実践もないくせに。」

彼の顔にはそう書いてありました。

それから二年経ち、四年担任から六年担任になった彼は、三月十九日の卒業式の後の職員終礼で、泣きながら全職員に次のように話したのです。

「私は、これまで研究会や研究授業があると子どもを利用して、自分が高く評価を受けることだけを考えていました。子どものことなど少しも考えていませんでした。また、そのくせ子どもに気に入られようと思っていました。そのせいか、子どもとうまくいかずに悩んでいました。

ところが、社日小学校の先生たちと一緒に自分自身を変えることができて、子どものことを心からいとおしいと思えるようになりました。そうすると子どもとの関係ががらりと変わり、子どもがどんどん良くなり、後半は、四年生の国語の教材にある『ごんぎつね』のように、これまでのつぐないができたかなと思っています。」

声を詰まらせながら、彼は皆の前でこんな自己開示を行いました。私は、彼との二年前のやり取りのことなどを思い出していました。さらに彼は続けました。

「朝、三階の教室に向かうと、子どもたちが、公開研究会で発表する「利根川（オペレッタ歌曲）」を自主的に歌って練習している声が階段まで聞こえてきました。その歌声が聞こえてくる度に、私はなぜか涙があふれてきました。私……。」

ここまで言うと彼は一瞬息を飲み、

「私たち教師は、子どもによって生かされていると思っています。」

と震える声でやっと言葉を絞り出しました。

ここに至るまでに彼がどんなに苦しんだかを知っているだけに、私は我慢しきれずハンカチで目を覆いました。

本校の先生たちは皆、この二年の間に、川吉先生のように大きく変わりました。このような変容の様子を見ていた周りの人たちは、一様に、

「信じがたい。」

「これは奇跡だ。」

「奇跡の学校、奇跡の先生たちだ。」

「日本中のできるだけ多くの先生にこの事実を見てもらった方がいい。」

「少なくとも県内の先生には、全部案内を出して公開研究会に来てもらいなさい。」

などと過大に評価してくださいました。

先生たちの変化とともに、授業や行事の質が高まり、子どもの無限の可能性が開かれていきました。

では、なぜ職員は、「奇跡」と評価を受けるほど、これまでのやり方を大転換させることができたのでしょう。

その秘密をこれから明らかにしたいと思います。秘密が明らかになればなるほど、これは「奇跡」でも何でもなく、誰でもできる凡庸な校長の平凡な仕事の結果であることに気づかれると思います。

私はただ職員の清新な魂に火をつけただけです。

組織づくりの方法や教育の方向性は、アルフレッド・アドラーという今はやりの心理学者の理論とかなりの部分で重なるところがあると、自覚しています。少し気取った言い方をお許しいただければ、その道を追求してきた結果、偶然にもアドラー心理学とかなりの部分で一致していたということです。従って、アドラー心理学の教えを生かして組織づくりをするとどうなるかという視点からも本書を読むことができると思っています。

学校教育については勿論ですが、あらゆる組織づくりの参考になれば幸いです。

一、前哨戦

冒頭の川吉先生の登場する安来市立社日小学校は、校長としては三校目です。では、一校目から奇跡の学校（組織）づくりができていたのでしょうか……。

実は、教師自らがどんどん変わるという異常な現象は、すでに一校目から起きていました。一校目に成功した組織づくりの原則は、経験を重ねる中で益々洗練されていったと思っています。と、書くと少しかっこいいのですが、実は、初任校の教頭先生からは、「校長先生は死んだふり作戦がうまい。」と言われていました。表だって強いリーダーシップを発揮しなかったので、そう思われたのでしょう。

「死んだふり作戦……」と聞いた時に何それ？　と思いました。でもそのネーミングは多少気に入っていました。表向きは死んだふりをしながら、裏では何をしていたか、包み隠さずお話をしようと思います。

それに、校長初任校は、思い入れが強く印象に残っていますので、前哨戦として紹介しないわけにはいきません。

（一）校長初任校での戦い

【初　日】

校長になる前に先輩校長から様々なアドバイスをいただきましたが、一番心に残っているのは、

「とにかく新米校長はやる気に走り、職員に迷惑をかけるものだ。そうならないように注意しなさい。」

という言葉でした。学校経営の理想を持ちながらも、はやってはならないと自分に言い聞かせ、平成二十三年四月一日に、校長初任地の雲南市立海潮小学校に向かいました。

小高い丘の上に見える海潮小学校の古い校舎は、校庭の東側を走る街道に並ぶ桜の中にぽっかりと浮かんでいるように見えました。その姿を見るといよいよ決戦の火ぶたが……という心境になり、はやる気持ちをおさえようなどという理性は、どこかに吹き飛んでしまうほどの高揚感に包まれました。

校舎の玄関に入ると黒縁メガネをかけたいかにも人のよさそうな教頭先生が笑顔で迎えてくれました。その姿の後ろに隠れるように新任校長はどんな人物かと興味津々の表情をした三、四人の職員が続いています。型通りの挨拶をすますと校長室に案内されました。横壁にには歴代の校長先生の顔写真が並び、仕事を監視されるような息苦しさを覚えました。また、学校にはびこる因習を象徴しているようで、少し気持ちが滅入りました。

細長いウナギの寝床のような校長室の古ぼけたソファーに腰を下ろすと、さっそく教頭先生より新

年度の校務分掌を手渡されました。校務分掌とは、各学年の担任やどんな仕事を誰がするかという内容の書かれた組織表です。学校に来て、いきなり校務分掌を渡されても、それが適切であるかどうかなど分かるはずもなく、ただ前任校長と現教頭先生の判断を信ずるほかありません。校務分掌表にちらりと視線を落とし、形式がこれまで見てきたものと大差ないことを確認すると、まず一年目は、与えられた環境で勝負するしかないのだと思いました。しかし、前年度の学校評価だけは目を通して課題を把握しておきたいと思ったので、教頭先生に資料の提出をお願いしました。

校長用机のいかめしい椅子に浅くちょこんと腰掛けるとすぐに今の思い、学校経営の方向性について書き記しました。校長の間は、ぶれないで初心の経営方針を貫きたいと思ったからです。異常な高揚感の中で、自らの体内から湧き出てくる自分の言葉を確かめたい気持ちもありました。その時に書き記した経営方針は、以後、校長としての私の仕事を支える柱となりました。自分自身を勇気づけるために、うまくいっている時に、そっと読み返すようにしていました。

【初　心】

学校経営方針（初心）　校長として

○　校長としての大切な仕事は、学校の雑多な事実から、教育の本質的な方向性を示し、本流を創り出すことである。校長は、折々の事実を解釈し、その流れに勢いと豊かさを与える仕事をしなければならない。

○　学校経営の本質は、教師個々の力、良さを最大限に引き出し、組織の方向性を追求する協働体制を構築することである。学校が子どもを育てるプロとしての自覚を持ち、その指導の結果に責任を持つことによって、初めて保護者や地域との協働や連携に太いパイプが生まれてくると考えたい。

○　学校づくりをする校長の力でもっとも必要なものは、一人ひとりの教師が実践へと向かう能動性の喚起である。その力には、二つある。一つは校長が直接に指導する力と、もう一つは、教師に自己変革を促すような戦略力である。私は教師と共に生き、教育を追求する校長でありたい。

○　校長は、子どもの幸せ、保護者の幸せ、地域の未来を担っている。また、教職員の幸せ、その家族の幸せをも担っている。そういう自覚を持ちたい。その使命は、学校が組織体として、教育の本質を追求することによって達成される。教育の本質の追求とは、授業の質、行事の質を高めることにより子どもの無限の可能性を引出し、一人ひとりの発達を保障することである。子どもが目を輝かせ生き生きと学習する姿が見られれば、そこには地域の未来があると考えたい。

○　人間は、利害で動く場合と利害抜きで動く場合がある。相手をとことん信頼し、愛情を注ぎ情に働きかけることによって人は後者の姿を現す。よって、校長は人情の機微がわかり、それに敏感でなければならない。但し、判断を誤らないために、最初に理性で判断し、後に情を加えるという順序を間違えてはならない。

○　校長は、教育にかける情熱と誠意は、組織の中でだれにも負けてはならない。組織の長としていつも心配したり、悩んだり、さらには孤独に陥ったりするに違いない。それが生甲斐であると心から感じられる時、私は校長として生きていることを実感する。

この日に書き記した校長としての初心ですが、私自身のオリジナルな考えは一つもありません。松下幸之助をはじめ、様々な先輩校長、師匠である宮坂義彦先生（元三重大学教授）などから学んだ帝王学・教育学です。

いずれも、私の体と言葉と一体化された内容に間違いはないのですが、今読み直すと、校長初日という高揚感の中で、かなりすましたり、背伸びしたりして書いたことが伺えます。

【課題を見抜く――松下型の選択――】

さて、このような初心を書き下ろした後で、教頭先生から受け取った学校評価を丁寧に読みましたが、「表現することが苦手である」とか、「自分で考えて行動する力が弱い」とか、どの学校にもありがちな内容が綿々と書かれていました。それらは、すべて子ども自身の課題として捉えてありました。子どもの事実は、良くも悪くもすべて現行教育の成果・結果であるというプロ意識に乏しいように感じました。セールスマンが、売れないことの理由を商品のせいにするようなものです。売り手の問題にしなければ、腕が上がるはずがありません。先生たちは、まず、教育観の大転換をしなければ、どの課題も突破できないように思いました。

しかし、私が、この診たてをそのまま職員に伝えれば、職員組織の中でたちまち四面楚歌の状態に置かれ、すぐに煙たい存在になることでしょう。先輩校長の失敗談やもと校長の記した著書などからトップダウンの信長型では、部下は顔従腹背となり、組織力を生かすことができないと知っていました。

かと言って私は、小心で凡庸な校長なので秀吉や家康型の校長にもなれないと鼻からあきらめていたのでした。結局は、私の好きな経営者である松下幸之助の「鳴かずんば　それもよかろう　ホトトギス」型で、呑気に臨むのが一番自分に合っていると決めていました。ただし、「鳴かずんば」の裏の意味には「鳴かせたい」という痛烈な願いがあることを忘れてはなりません。ですから、「好きにしなさい。後は私が責任を取るから」という放任とは違います。私は強い気持ちで、全員が同じ方向性を共有した時に発揮される組織の可能性を追求したいと思っていました。

思いを遂げる為に、周到に戦略を立て、だめなら職員のせいにしないで、自分の力不足を潔く認めようということです。

【出会い——対等意識と尊敬の念——】

海潮小学校は、全校児童九十九名、七学級（特別支援学級一学級含む）の山間にある小さな学校です。職員は、事務職などを入れ全員で十五名ほどでした。

紙面上の無機質な分析だけではなく、自分自身の皮膚感覚として捉えるために、すべての職員に早く出会いたいと思っていました。

いよいよ本年度最初の職員会議です。

期待がいつの間にか、緊張に早変わりをしています。恐る恐る一人ひとりに目をやると、眼力が強く、皆、自己をしっかりと持った個性派ぞろいの集団に見えました。

この見方は、案外当たっていました。四月にあった校長会で、先輩校長から、

「お前、よくやっているな。お前の学校は、恐ろしい先生たちの集まりだぞ。思い通りに動かない同僚を怒鳴りまくっていた先生や、前任校では管理職と喧嘩して送別会をボイコットしたような先生もいるぞ。それに、あの先生とあの先生は、火と油だ。大丈夫か?」

と、私のことを心配してなのか、からかい半分なのかわからないような声の表情でこんな忠告を受けたからです。

しかし、私はこの厳しい忠告をまったく意に介しませんでした。確かに個性的で野性味あふれる一匹狼のような職員の集まりでしたが、どの先生にも人間的な魅力や純粋さを十分に感じていたのです。ただ、組織としての方向性を共有できず、それぞれが思い思いの方向にエネルギーを発散しているだけだと考えていました。進むべき道を共有することができれば、一匹狼のたくましさは、大きなエネルギーとなってレベルの高い実践が創造されるに違いないと期待を寄せていました。

アドラーは、相手に対し対等な意識を持ち、尊敬することが人間関係の基本であり、そこから教育が始まると言っていましたが、私も何十年も前から子どもも先生もそこにいるだけで百点満点だと思ってきました。校長は、子どもを直接指導する先生方と対等どころか下僕で良いとさえ思っていました。出会いから、先輩校長の忠告にあるような恐ろしさ、やっかいさを感じたことは微塵もありませんでした。それどころか、皆、私より立派な人たちに見えていました。

すぐにでも「授業や行事の質を追求し、子どもの可能性を引き出す教育」の方向性を共有したいところです。でも、権力に屈しない先生たちだけに、何の必然性もないところで、私が、これまでとは異質な方針を示しても受け付けないだろうと、疑心暗鬼でいました。

初日、すべての職員に対等意識、尊敬の念を持てた自分を確認できただけで、校長として百点満点だと満足しました。

【組織の目標――教育の質の追求――】

最初の職員会議では、恐らく全国どの学校でも校長が学校の教育目標を示すことが慣例になっていると思います。多くの校長はこれに随分労力を使うと聞いていましたが、私は、昨年度のものをそのまま示し、その質を追求することだけを伝えました。校長がどんなに思案して学校の教育目標を創ったとしてもそれは自己満足に過ぎず、せっかく吟味された言葉は、あっという間に忘れ去られる運命にあることを、これまでの体験から痛感していました。ひょっとしたら校長自身でさえ、忘れてしまうこともあるのかも知れません（失礼！）。

教育基本法・第一条の要旨である「知・徳・体の調和ある人格の完成を目指す」という学校教育の目的からは、逃れることはできません。どの学校でも「しっかり考える子」というような似かよった教育目標になるのはこのためです。ですから、教諭の時からそれぞれの学校では、目標に向けて教育の「質」をどう追求するかが問われると思ってきました。しかし、「質」の追求を目指している学校は、全国でも皆無に近いと思っています。

「何を生意気言うな。どの学校でも研究を毎年しているではないか！」

という怒りの声が聞こえてきそうですが、教師自身（の質）が変わらない限り、教育など変わるはずがありません。変わるということは、自己否定を伴う厳しい戦いを強いられます。目下の子どもを相手に知識を切り売りするのが商売だと考える多くの教師には、子どもを否定することはあっても自己否定などその発想すらないに違いないのです。教師自身が変われないのに教育の「質」の転換など無理に決まっているではありませんか。

だから私たちの学校は「奇跡」と評価されたと思っています。常識から判断すれば現行教育の「質」を転換しようとする私の方針、挑戦はとても無謀なことです。すべての職員の価値観を変えようというわけですから。

私は、教師自らが能動的に変わるようになる機会を伺って、しばらく校長室に潜伏することにしました。

【戦略の思案――三つの武器――】

潜伏を始めて三日もしない内でしょうか、私を挑発するかのように次のような会話が職員室から聞こえてきました。

「子どもは猿だ。この学校にも猿がいっぱいいる。」

「あそこの親は……。」

子どもへの厳しい言葉に加えて親についてまで聞こえてきました。

私はさすがに顔が真っ赤になるほど激昂しました。すぐに校長室を飛びだして

「あなたたちこそ、子猿を育てる大猿のこんこんちきだ！」

と叫ぶことができたらどんなに胸がすっきりしたことでしょう。しかし、私は小刻みに震える両手をドアノブに伸ばすと静かに校長室のドアを閉め、職員室の声が聞こえないように音を遮断し、再び校長室に閉じこもるという選択をしました。

今何を言ってもきっと表面的にしか私の言葉は伝わりません。本質的なところで勝負するために、末梢的な事象への関わりを捨て、好機到来まで引き籠る道を選んだのです。

この時、先生たちが子どもたちを「対等」どころか「上下関係」で捉え、上から目線で指示や命令を繰り返す教育をしていることが明らかになりました。私は、校長室でこの教育観を先生たちが自分自身で大転換するような仕掛けを懸命に考え続けました。

戦略に必要なものは武器です。

いったい私にはどのような武器があるのか、自問してみました。

一つには、人脈。これまで出会った本物（一流）の人物は、すばらしい武器になると思いました。その人物に権威があれば、なお効果が高いと見ていました。

二つには、これまでの経験や情報。これまで実践したり見聞きしたりしてきた授業の中で、子どもたちが主体的で目を輝かせていた授業は、まぎれもなく本物の授業で、これも大きな武器になると思いました。紹介すれば先生たちを魅了すると思いました。

三つには、自分自身の強み。これはいくら考えても全く思いつかないので困りました。自分自身を見つめても、いつもつまらない駄洒落を飛ばしてへらへらしているばかりで、何の強みもありません。でも、実はこれが意外と武器になるような予感がしました。本質的なことをまじめな顔をしていうと相手が引いてしまいます。また教師はプライドが高い人が多いので、へらへらしていた方が相手は警戒心が薄れ、受け入れやすいだろうなどと、いい加減なことを考え、駄洒落の言い訳を整えたのでした。

実のところ、アドラーが人間関係で大切にしている「対等」意識を相手に持ってもらうのに、肩書だけで権力者とみられるトップにユーモアがあることは、案外、武器になると思っています。

【炭火理論――強力な炎で着火を――】

これらの武器をいつ、どう使うか。必然性を大切にしなければならないと思いました（駄洒落だけはよく言って、みなさんを煙に巻いていましたが……）。

潜伏期間中に、斎藤喜博先生の書で読んだ炭火理論を思い出したことがありました。どんな戦略を持っても、一斉に全員が変わるなどということはあり得ないので、自燃型で燃えやすい人から積み上げていき、最後に不燃型で燃えにくい人を乗せれば、炎に包まれて最後の燃えにくい炭も燃え上がるというわけです。果たして誰に最初に火が着くか、見逃してはならないと思っていました。

さっそく、炭に火を着けるために（変化のきっかけを与えるために）、本物を呼んで先生や保護者にぶつけてみようと思いました。本物は、人に感動を与え、変わるきっかけを与えるはずです。ぽつんぽつんと本物を紹介するのではなく、短い期間に一気に本物と出会わせた方が、衝撃は倍加し、変わる契機になりやすいと作戦を立てていました。

【好機を待つ】

もう一方で、学校や教師の本質的な課題である授業の改善を仕掛けていくタイミングを計ることにしました。教師主導の教え込みで、子どもにとって退屈な授業が繰り返されていましたし、こんな考えで上から目線の教育をしていれば、子どもの中で事件が起こるか、保護者のクレームを受けるか、いずれにしても学級経営の中で何か困ったことが生じるに違いないと思っていました。その問題を組織全体の課題として取り上げれば、一気に組織を結束させ、授業の方向性を共有できると目論でいました。

組織は、何か危機があると、みんなの力が結集され、それを突破するために大きな力が発揮されることは、これまでの経験から分かっていたからです。

それからというもの、組織の長としてはまっとうではありませんが、事件の起こるのをじっと待っていました。

六月の初め、ついに問題が起きました。

「子どもがいじめられている。何とかしてほしい。」と何人かの保護者から三日間に渡り、立て続けにクレームを受けたのです。それは二学級が対象となっていました。

生徒指導主任と担任から相談を受けた私は、待っていましたとばかりに、このようないじめの起こる原因と対策を話し合おうと持ちかけました。

さっそく職員会議で、事件のあらましを伝え、すべての教職員にいじめの起こった原因を小さな短冊に書いてもらい、ＫＪ法（川喜田二郎がデータをまとめるために考案した手法）でまとめてもらいました。

この時、原因を分析して「学年を解いて縦割り班で遊ぶ時間をつくろう」、「子どもの分かる・できる授業を工夫しよう」、「子ども主体の行事を充実させよう」というような三つの解決策がまとまりました。それぞれが三つグループに分かれて推進していくことになりました。勿論、いじめの起こる原因は、授業が面白くないからだと短冊に書いたのは私でした。そして、私はちゃっかり授業づくりのグループに入り込むのに成功していました。

繰り返しますが授業の質的な向上を図ることこそ教師の本質的な課題だからです。

その授業づくりのグループは、原石敬子さんというベテランの研究主任でした。荒々しい集団の中ではひときわ異彩を放つ、優しくて穏やかな先生でした。今年の十月に県大会で体育の発表を行うことになっていて、みんなが研究主任を嫌がったので、原石さんが仕方なく引き受けたということでした。原石さんは、たくましいリーダーにはない、正反対の魅力を持ったリーダーだと思いました。組織の協働性を引き出すのに彼女の穏やかな性格は、きっと長所になるに違いないと見ていました。

好機到来、このチャンスを逃すことはできません。

【出会いの演出（一）――感動の出会い――】

このグループの中で私はこんな授業を目指してはどうだろうということで、さっそく長野県の戸田淳子先生の「やまなし」の授業ビデオを見てもらいました。私がこれまで出会った超最高級レベルの授業ビデオです。

ビデオの中で子どもたちが解放され、自分の意見をどんどん言うばかりか、友達の発言に頷くなど聴き方も集中しているので、戸田学級の子どもたちの様子に先生たちはびっくりしていました。どうしたらこのようになるかと授業づくりグループの先生たちが乗ってきたので、戸田先生を指導してこられた元三重大学教授の宮坂義彦先生をお呼びして、指導を受けてはどうか提案しました。勿論、宮坂先生の紹介も丁寧に行いました。

さて、この宮坂先生は、斎藤喜博先生（元島小学校校長）について学ばれたまぎれもない本物です。私は、若い時にこの宮坂先生について学んでいたことがありましたが、近年は疎遠にしていて、今は年賀状のやり取りくらいのつながりでした。

芸術肌で厳しい宮坂先生の昔のイメージに覆われていた私は、研究主任から再三に渡り「早く宮坂先生を呼んでほしい。」という要請にも、ビビってしまいなかなか重い腰を上げることができませんでした。

あの優しい研究主任が、ここまで前のめりになっているのは嬉しい限りでしたが、宮坂先生の指導を受けると先生たちの間にどのような化学反応が起こるかという予測がつきませんでしたし、お呼びするからにはいろいろな意味で覚悟もいると思って、なかなか一歩を踏み出せずにいました。

一人ひとりが授業を見ていただき、介入と言って子どもたちの前で直接指導を受ける刺激に今の先生たちが耐えられるとはまだ思えませんでした。

そこで、この本物はしばらく寝かせて、別の本物といくつか出会わせて、先生たちが自ら変わっていく勇気をもう少し膨らませておきたいと思いました。

六月に「弁当の日」で有名な竹下和雄さんをお呼びすることにしていました。雲南市は土江博昭教育長という名物教育長さんがいて、雲南市のすべての学校で「弁当の日」を実践することになっていました。

しかし、四月に赴任した時に、PTA会長が校長室にやって来て、

「校長先生、俺は弁当の日に反対している。俺は料理人だから良く分かる。今さら子どもが弁当を作って何になるのか？　弁当の日なんかやめた方がいい。」

と怒りの様子で反対を表明されました。これを聞いて、弁当の日の趣旨が分かっていないと思いましたが、自分が説明するより提唱者本人の話を聞かれた方が納得されると思ったので、すぐに竹下先生に電話をして六月の海潮小学校での講演会を決めたのでした。

偶然にも竹下先生は、私の用意できる人脈の一人に入っていたのです。せっかく行っている弁当の日を充実させたいという気持ちもありましたが、正直、それ以上に本物との出会いを通して、先生や保護者の意識を変えたいと願いました。そして、大人の意識が変わると子どもが変わるという実感を体験して欲しいと思いました。

講演会が決まってからは、学校便りなどを通して講演会の演出に着手していました。この講演を聞くか聞かないかで今後の子どもたちの人生が左右されるかのごとく、PTA役員の人にも協力してもらって大々的にPRを行ったのです。

お蔭で当日は、講演会場が満杯になりました。

「弁当の日」は、子どもに弁当を作らせることにより、家族の一員として出来ることをさせて「自

立」につなげようという試みです。講演の中でわずか五歳の花ちゃんが、亡くなったお母さんの代わりにお父さんにお弁当を作るという一節では、皆涙を誘われていました。五歳でもお父さんの弁当や朝食が作れるという子どもの自立の可能性に、皆がびっくりしました。

この講演の後、ＰＴＡ会長がすぐにやって来て、

「なんでもっと早く、この講演をしなかったのだ。俺は弁当の日に賛成する。」

と、講演前とは百八十度考えが変わりました。弁当の日に合わせた料理教室の講師に自ら名乗り出られるほどの大変容でした。勿論、教師の姿勢も大きく変わりました。教育委員会から言われて仕方なく行っていた「弁当の日」から、積極的なそれに一変しました。これまで親が作っていたお弁当のおかずを子どもたちが自分で作るようになったのです。

お弁当の日の充実以上に、先生や保護者たちが意識を変えることへの垣根を低くしたこと、大人の意識が変わると、子どもの姿が変容することを実感できたことは、大きな収穫となりました。

【出会いの演出（二）――衝撃の出会い――】

この六月には、もう一つ、とてつもない本物を用意していました。本物の波状攻撃です。

埼玉県に髙﨑美代子先生という、私の知る限りでは現役では最高の実践をされる先生がいらっしゃるので、ぜひその先生の実践を生で見て欲しいと思っていました。

これまでの教育の常識をひっくり返す先生です。なにせ教師であるのに子どもに何も教えないのです。五十歳を過ぎるベテランですが、徹底して指示・命令しないのにどんな子どもであっても、大き

く可能性が引き出されていきます。学力テストは、クラス全員で一問しか間違えないとか、通知表は、全員があらゆる項目で◎になるという信じがたい力を持った先生です。

四月には、この学校の校長先生や当人にお電話し、六月に見学のお許しを得ていました（六月の竹下和雄先生の講演月に合わせていました）。潜伏中にも着々と布石を打っていました。

高崎先生に参観依頼の電話をすると、どうせ見るなら朝から終礼まで見て欲しいと伝えられました。これも信じられないことです。普通の教員であれば一時間の授業を見せるのがやっとで、少なくとも給食指導や終礼などは舞台裏で、あまり見られたくないと考えるのが一般的です。自信というより素敵な子どもを丸ごと見て欲しいという高崎先生の強い願いが伝わってきます。

旅費や学校の残りの自習体制が気になりましたが、今、組織のために高崎実践を見る必然性のある人を優先したいと思いました。そうでないと単なる物見遊山になってしまいます。私は、幾人かに目を付けていましたので、その方々に行って欲しいと思いましたが、教師の学びへの能動性を引き出したいと思っていましたので、高崎実践を宣伝してから希望を取ることにしました。

五人が手を挙げましたが、二人は説得して来年度に回ってもらいました。三人選んでもう一人は団長として教頭先生に行っていただきたいと考えていました。藤原正司教頭先生は本物が見える感性をお持ちでしたし、何といっても職員室のリーダーでこれから皆をいろいろな意味で牽引していただきたいと願ってのことです。

六月の中旬に一行は埼玉に旅立ちましたが、高崎学級の子どもたちを見て、全身の毛が逆立つほどの衝撃を覚えた様子でした。それは一時間ごとに興奮してかかってくる携帯電話での報告や興奮した声に表れていました。

実に小学校一年生の六月の様子です。

「校長先生、大変です。体育ですべての子どもたちが側転をしながら移動しています。」

「一年生なのに給食中一言もしゃべりません。なぜしゃべらないか聞いたら、授業中に喋りたいから、無駄なエネルギーを使いたくないと言っています。」

「掃除時間に、黒板の後ろまで拭いています。」

「終礼中、ランドセルの用意をするのに、ランドセルまでの行き帰りに俳句をそらんじて覚えています。用意の終わった子は、ピアノに合わせて表現をしています。」

「髙﨑先生の指示・命令が一言もありません。子どもがさせられていません。一年生がどの子も自分で考えて動いています。まだ六月なのに……。」

など、興奮そのままにいちいち報告がありました。帰着便で出雲空港に着いてからも出雲弁で、

「おべはつけて、死にそうでした（とてもびっくりして、心臓が止まりそうでした）。」

と、電話してきました。

髙﨑実践を目の当たりにした先生たちは、学校に帰ってからも興奮し、授業の合間に職員室は髙﨑学級の子どもたちの話題で持ちきりになっていました。二、三日後の職員会議でその報告会を行ったのですが、中心になって発表会を行うように視察前から頼んでおいた黒田健太先生は、その秀才ぶりを発揮し、非常に分析的に参観記をまとめて発表してくれました。

日頃から冷静な彼をもってしても言葉の端々や文の行間から、彼の興奮した感情がにじみ出てくる

ほどでした。先生たちは、黒田先生がこんなに興奮することもあるのだと、そのことにもびっくりした様子でした。

こうしてほとんどの職員は、髙﨑学級の視察やその報告会、竹下和雄先生の講演と続いた強い刺激と深い感動に、自らが変わることへの勇気を重ねていきました。

【出会いの演出（三）──動き出した空気──】

髙﨑先生の視察報告会の後に授業づくりの方向性をついに打ち出しました。宮坂先生の提唱される「みんなで話し合う授業（追求の授業）」を紹介しました。

あの狼たちはどこへ行ったのでしょうか。みんなでやってみようということにすんなり決まりました。疑い深い私は、「みんなでやってみて、子どもたちが変わらなかったらすぐにやめてしまいましょう。」と校長からの上意下達ではないことを念押ししておきました。いやなものは強制しても続くはずはないのです。しかし私は、自ら現役の時に実践してみて、話し合いを通して自分の考えやイメージが変化する「みんなで話し合う授業（追求の授業）」は、子どもや先生の知的興味を掻き立てるだろうと確信をしていました。知識を伝達する教え込みの授業とは、対極にある課題解決の授業で、質的な高まりを実感できる授業です。

後は、私が勇気を出して宮坂先生を呼ぶことができるかどうかだけが勝負となっていました。

九月のある日、いつまでも動く様子のない私にしびれをきらした研究主任の原石さんが校長室にやって来て、今すぐに宮坂先生に電話をしてくださいと迫りました。あの優しい原石先生が厳しい態度で要求してきたことに驚きました。

先生たちの心が動き出していることを実感した瞬間です。

彼女の迫力に押されてその場で電話をすると、学校に来て指導をしていただくことに二つ返事で承諾いただきました。戸田淳子先生を伴って来ても良いか問われました。実はこの時、少したじろぎました。戸田先生は、もうご退職なさっていますが、現役時代は他の追随を許さぬほどのレベルの高い実践をされた先生です。今でも私は世界一の実践者だと思っています。その先生もいらっしゃるとなると戸田実践が一つの尺度となり、私がそうであったように先生たちがこれからずっと苦しむのではないかと思ったからです。

気づけば、この時点で変わることに一番抵抗を示していたのは、こともあろうに仕掛けた私自身だったのです。戸田先生を伴っても良いかという宮坂先生の問いは、軟弱な校長ののど元に短剣を突きつけられ、覚悟を問われているように思われました。断る術もなく、一呼吸してから承諾しました。こうして十月に宮坂先生と戸田先生が学校に来られることになりました。

一年生から六年生まで同一教材の詩で授業をし、介入といって授業の途中でお二人の先生に直接指導をしていただきました。一年生から六年生まで同一教材で授業するということも画期的で、全国でもほとんど例のないことです。その上、教師は、子どもの前で直接、他の先生から指導を受けるのです。このような研究方法も全国で皆無に近い研究法です。通例の教師の授業研究は、授業が終わってからあの時の指導は、どうだったか感想を述べ合うような方法です。果たして、本校の先生たちはこの刺激に耐えられるか。子どもたちの前でプライドを捨てて素直に指導を受け入れることができるのか、私には新たな不安が生じました。以後、それを払拭する為に介入という研究方法の素晴らしさを伝えることに苦心しました。

変わるということは、古い体質を改めるという厳しい仕事です。勢いだけではもたないと、自分のことを含めて心配したわけです。

皆が宮坂先生・戸田先生を呼んでみようと決意する頃には、子どもや保護者への厳しい言葉は、すっかり影をひそめていました。

【グループでの能動的な話し合い――ミツバチ理論――】

この頃から私は、先生たちと少しずつパイプがつながっていく感覚がありました。授業づくり部だけではなく、全職員に戸田先生の授業ビデオを見てもらったり、宮坂先生の授業理論を紹介したりできるようになっていました。ただし、私の一方的な伝達ではなく、何とか先生たちの心を開放し能動的に話し合いができるようにしたいと思っていました。しかし、まだ、このことが組織づくりでどれほど重要であるかは、認識できていませんでした。従って、ここでのグルーピングは、コの字型の席に並んで座っている三人組という固定化されたものでした。

それでも、グループ討議後に発表があると、できるだけ共感を伝えるようにし、心を開いて意見を言い合うことのできる集団づくりを目指していました。

このような対応は、形式的な管理者は行うことができないと思っています。一人ひとりを生かしながら組織の方向性を共有したいという強い願いをトップが持たない限り、職員会議も情報伝達がほとんどの形式的で冷たいものになりがちです。

ですから組織の長は、ミツバチ理論が大切だと考えていました。ミツバチ理論とは、私が命名した大げさに言えばリーダーシップ論です。

以前、ミツバチを飼っている人から、

「ミツバチは、何匹かが花の蜜を見つけにあちらこちらに散らばっていく。やがてみんなが巣に帰り、その中の一匹にみんながついて行く習性がある。」

と聞いたことがありました。私は、言葉を持たないミツバチが何匹もいる偵察隊のハチの中からどうやってその一匹を選ぶのか興味があったのでそのことを尋ねると、ミツバチを飼っている人も分からないとおっしゃいました。実はその時、私は、どうやってその一匹が選ばれるのか想像できる気がしたのです。言葉を持たないミツバチは、きっと一番興奮して羽をブンブン言わせているミツバチに、そいつが発見した蜜の多さを信じてみんながついて行くに違いないと思いました。

本当のところは謎ですが、私はこれを以後「ミツバチ理論」と名付け、リーダーとしての大切な心構えの一つに加えていました。従って校長が本気でブンブンと羽音がするがごとく興奮して方向性を示せば、先生たちはきっと皆でついて来ると根拠のない自信を持っていました。

勿論、情熱だけでは危ういですが、しかし、情熱がなければ何も始まりません。情熱は、何かことを成す為の必要条件です。

【宮坂先生・戸田先生との出会い――空気の胎動――】

斎藤喜博先生（元島小校長）から学ばれた宮坂先生とその一番弟子の戸田淳子先生がいらっしゃるということで、国語の授業以外に音楽会で歌う全校合唱を指導してもらうことにしました。お二人は、合唱やオペレッタなどの指導にも長けていらっしゃったので、できるだけ多くのことを学びたいと思っていました。

宮坂先生からご提案いただき、全員で同じ教材で授業をすることになりました。そのため、教材解釈を全員で行うことができ、それだけでも方向性を共有するのに役立ちました。

教員であっても自分の考えを否定されたり、間違ったりするのをいやがるので、私は意見が出ると大げさに驚いたり、相づちを打ったりしながら、間違いなどないからどんどん自分の考えを出すようにと励まし続けました。意見が対立し緊迫する場面では、ときどき笑いを仕掛けて場を和ませたり、心が解放されたりするようにと配慮しました。

その内、意見の違いで論争が起こるようになり、時間を忘れて皆が教材解釈に夢中になっていきました。教材の質の深さの追求にいつの間にか魅了されていったのです。私はそんな話し合いの様子に、意識改革への手ごたえを感じていました。

また、教師だけではなく学校にいるすべての人をできるだけ同じ方向に引き込むようにしました。実際、全校合唱で、事務職の人が指揮をしたり、養護教諭の先生が教材解釈の意見を言ったりと、組織の中では、老若男女、職種を問わず対等に向き合い、それぞれが精いっぱい自分の力を発揮できるようになっていきました。

これは、アドラーの言う「共同体への参加」です。全員が組織に貢献しているという実感が持てるように、人と人、人と仕事を結び付けるようにしました。

宮坂先生が初めていらっしゃった折に教育論を講義していただきました。この講義をビデオに撮り、後で何時間もかけて記録に起こしてくれたのは、週に一回、在籍地の海潮中学校から来てくださる地域コーディネーターの方でした。後で読み返すことができ、どれだけ重宝したか分かりません。担任でなくても、それぞれが組織のために貢献しようという雰囲気が感じられるようになっていました。

十月の初回の指導にもかかわらず、宮坂先生、戸田先生から、

「みなさん、すばらしいですね。学校の空気が動き出しています。」

と、評価していただき、とても勇気を与えられました。

私は、空気が動くという感覚や空気を感じるという視点をこの時に学びました。

【エピソード（一）――ある子どもの激変――】

宮坂先生の追求の授業理論は、子どもたちと実践してみるととても面白いのですが、授業の研究書ではないのでここでは詳しく述べません。あくまでも組織論で押し通したいと思っています。

子どもたちは、宮坂先生が介入されるととても分かりやすいので、どの学年の子もにこにこしながら授業を受けていました。

なかでも子どもの変容でとても印象に残っていることがあります。

五秒と落ち着いて椅子に座ることができず、教室の外をいつもぶらぶらしている低学年の子がいま

した。安全を確保するために支援員さんが特別につき、その子に寄り添っている状況でした。一年前には発達障害の診断を受け、特別支援学級に入級する予定だったそうですが、手続きがうまくいかず、本年度は通常学級で過ごしていることを前年度の校長から引き継いでいました。

来年度からの入級を目指して、九月に二名の特別支援教育の専門家がその子の学習の様子を見に来られました。私も一緒に授業中のその子の様子を見に行ったのですが、一分も見るか、見ないかの内に、今の状態は、学級が二つあるので（普通学級では無理なので）すぐに特別支援学級に入級させるようにと指導を受けました。県内では特別支援教育のリーダー的存在で有名な先生方の見立てです。保護者に理解してもらうようにあわてず慎重に手続きを進めていくことをアドバイスされました。

ところが、十月に宮坂先生の指導を受けて、文を「分けて考える」ということを担任がやりだしたら、その子はぴたりと教室から出なくなり、授業にも参加するようになりました。教室を出てぶらぶらしていることや、全校朝礼の時にみんなと一緒に行動できず体育館の後ろで支援員の先生とボールで遊んだりしている様子を、全職員が知っていたので、この変容にとても衝撃を受け、それが宮坂先生の授業論を信頼し、みんなでやってみようという動機づけとなりました。

それにしても、私はなぜこのようなことが起こったのか確かめたくなり、担任に頼んでその学級で国語の授業の続きをさせてもらいました。その子がしばらくすると私に言いました。

「校長先生、もっと細かくして聞いてくれないと分からないよ。」

その言葉を受け、文を細かく分け、選択できるようにすると、その子はにこにこして授業に参加し、進んで意見を言い出しました。

この後、全校朝礼まで、皆と同じ行動がとれるようになったのです。
いったい発達障害の診断とはなんなのか、それ以来私たちは疑問を持つようになりましたが、同時にこの子の事実を突き付けられた職員は、一気に教育の可能性に目を開かされていきました。この子のドラマチックな変容は、先生たちの教育観をも劇的に変える大事件となったのです。

【エピソード（二）――ある女先生の変容――】

朝五時半には食事を済まし、毎朝六時過ぎには学校にやって来る女先生がいました。とてもエネルギッシュで、仕事をしない同僚を怒鳴り散らしていたという先輩校長から聞いたあの女傑です。これまで見たこともない規模の大型ダンプカーのようなエネルギーを感じ、この先生が変わったら凄い実践をするようになるだろうなとひそかに期待していた先生です。
他の先生にも影響力があるものですから、出来るだけ早いうちに変わってほしいと思い、髙﨑先生の最初の視察団のメンバーにも入れていました。視察中、一時間おきに私の携帯に状況の報告をしたり、帰りの出雲空港から「おべはつけた（びっくりした）。」と感謝の気持ちを伝えたりしたのもこの先生でした。髙﨑先生の実践に驚きはしていたのですが、その実践の本質的な部分は分からずに、それとは正反対の方向に大型ダンプで暴走を続けていました。しかし、彼女は、私が、朝、校長室に着くと決まって校長室に入り、なんだかんだといろんなことを聞いてくれました。たわいもない話が多かったのですが、彼女のこの意欲を生かして、私は、一時間ほど早く学校に着くようにし、毎朝、彼女と校長室で教育談義を始めることにしました。

「算数でも体育でも、上手に出来ること出来ない子がいるでしょ。どう思う。」

という私の問いに、彼女は悪びれず、

「できない子は、努力が足りないと思います。」

と答えます。

「ああ、できないのは、やっぱり子どもが悪いんだよね。」

「はい。私は一生懸命に教えているから、子どもが悪いと思います。」

「でもそれは、三流の先生の考え方ですね。三流の先生は、子どものできないこと、分からないことを子どものせいにする。二流の先生は、子どものできないのは教師の責任だと思っているけれども、そのやり方が分からない。戸田先生、髙﨑先生のような一流は、どんな子どももできるようにするのですよ。」

などと挑発するものですから、彼女は真っ赤になって、

「私を三流と言うのはやめてください！」

とにらむのですが、それ以上は言葉が出ません。髙﨑学級の子どもたちを生で見ているからです。

「できる子は、教師がほっておいてもできるでしょ。できない子をできるようにするのが教師の専門性ではありませんか。大田尭という社会学者は、教育とは絶望を退ける営みであると言っています。子どものせいにする先生は、大田先生の言葉を借りれば教師の本当の仕事から逃げているのです。」

人間関係ができていたのでこのようなあけすけの教育談義を来る日も来る日も続けて行きました。

いつもこのように私が一方的に講義をしたのではありません。彼女の教育への情熱、力量は、私よりはるかに優れていると思っていましたので、自分自身も素晴らしい学びの時間となっていました。二年間のお付き合いでしたが、お別れするまで一年以上は続けたように思います。

見事に変容した彼女は、二年目は六年担任となり、全校を引っ張って行ってくれました。授業や行事の質を追求する方向に例のダンプ力でぐいぐいと職員を導いてくれたのです。

アドラーは、「人は勇気さえあれば誰でも変わることができる」と言いますが、その勇気を与え続けるのが組織の長の大切な仕事だと彼女に教えられました。

今でも彼女は、ときどき私のもとを訪ねてくれます。当時の雰囲気そのままに教育話に花が咲きます。

【エピソード（三）――ある男性教諭の変容――】

前任校で管理職と喧嘩し、送別会をボイコットする程の激しい情熱を持った年配の男先生がいました。私よりも歳が二つ上でしたが、それで特に気を使うということもありませんでした。老若男女を問わず、私は対等もしくは、私よりも職員の方がはるかに優れていると彼も尊敬していましたので、職員に対し歳の差を意識することはありませんでした。

さて、この先生は理科がご専門だからどうかは分かりませんが、考え方がとても論理的で、宮坂先生の「みんなで話し合う授業（追求の授業）」に真っ先に興味を持ち、率先して実践をしていかれました。あの時の先輩校長のアドバイスでは気難しいということでしたが、それとは程遠いとても純粋な心と情熱をお持ちで、それを満たすだけのものにこれまで出会うことがなかっただけです、きっと。二年目に、髙崎実践を視察された後は、これまでの教師主導の授業から子どもの主体性を生かした授業に大転換を図っていらっしゃいました。

ある時、この先生のクラスの子のおばあさんが校長室に来られたので、せっかくだからお孫さんの姿を見てほしいと思い、彼の学級に参観に行ってみました。体育館で体育をしていました。ボールゲームをしていたと思いますが、先生が何も言わなくても、子どもたちが自分たちで審判をしながら、どんどん授業を進めていました。最初と最後だけさっと整然と集まり相談したり反省したりする子どもの姿に驚きました。このような質の高い授業が、日常的に展開されていることに感動しました。実践力は、すでに本校でも、県内でもトップクラスだと思いました。

この先生は職員室での様子もすっかり変わり、始業の一時間前には学校に来て、お茶を沸かしたり、コーヒーを入れたりと毎日日直のする仕事をされていました。日直の先生の負担を軽くするためです。一番の年長にもかかわらず……。私はそんな姿がもったいなくて、先の女先生との教育談義が終わると、お茶入れなどを一緒に手伝うことにしていました。

この年配の男先生のことを思い出すと、温かな思いで胸がいっぱいになります。人を固定的に見てはならない、職員もまた子どもと同様に無限の可能性を秘めていると思いました。

私が海潮小学校をいよいよ後にする時、いつまでも頭を下げていらっしゃった仏のような清らかなお姿を、今なお忘れることはできません。

【海潮小学校――その後――】

二年目も三年目も、相変わらず可能な限り本物（一流）をどんどん呼んで来ていました。スサノオマジック（地元のプロバスケットチーム）、もとプロサッカー選手、バイオリニスト、本格的オペラ公演（文化庁主催）、ＰＴＡの要望に応えて二度目となる竹下和雄さん、命の教育で有名な福岡県の助産師の内田美智子さん、筑波大学の有名講師の二瓶弘行先生、有名コーヒー職人等々、数え上げたらきりがありません。髙﨑先生の二度目の視察も行いました。その度に、子どもたちも職員も興奮状態に包まれました。学校は、非日常を演出し、子どもの発達を促すところだと考えます。私はそのことに苦心し、子どもや先生の意識を刺激し、変容への勇気を引き出していました。

随分、講師料がかかりましたが、雲南市は土江博昭教育長さんの計らいでふるさと納税の中から「学校夢プラン」として校長が自由になるお金を幾分かいただいていたのです。これが随分力になりとても感謝しました。

海潮小学校二年目も宮坂先生、戸田先生をお呼びすることになりました。二年目は、「みんなで話し合う授業（追求の授業）」に加えて、合唱、オペレッタ（音楽劇）に取り組むことになりました。オペレッタは、子どもの心を開放し、思考力や表現力をつけるのに適した取組だと思っていましたので、かねてより全学級で行いたいと思っていました。

もうすでに先生たちと方向性を完全に共有できていましたので、学習発表会の折に全学級で表現をすることがすいすいと決まりました。

皆初めてなので、初期の指導はすべて私が行ったのですが、その後は、担任が子どもたちと向き合って一緒になって表現を創っていきました。ただ、一学級だけは、体育の跳び箱とマット運動の発表をお願いしていました。器械運動は子どもを強くたくましく育てることに効果があることを先生たちに知ってもらい、次は全学級で器械運動にも取り組みたいと思っていたからです。

さて、二年目の六月に再び二日間に渡り宮坂先生、戸田先生に来ていただき、どのような評価をされたのか最後にお伝えして海潮小学校とお別れします。

「田中さん、この学校は、雲南市の優れた先生が集められているのですか。わずか一年で学校がすっかり変わっていますね。この学校に次々と先生たちを送り込んで、ここで育てて、他の学校に送っていけばいいのです。教育委員会にはそういうことを考えて欲しいです。」

さらに付け加えられました。

「この学校をぜひ、全国に公開してください。協力しますから。このままではもったいないですよ。」

しかし、この時、私は学校を公開しようという気は少しもありませんでした。私も若いころに広島県世羅郡の大田小学校を初め数多くの全国公開を見て、その時々に見た子どもの美しい姿が印象に残っています。でも、私の夢を先生たちに強いてはならないという気持ちでした。それに、私には、さらに高い垣根を乗り越えようという先生たちの能動性を引き出す自信がありませんでした。宮坂先生には、丁重にお断りをしました。

今となっては、先生たちに申し訳ないことをしたと思っています。「対等意識」が大切だと言いながら、きっとこの時は、先生たちの可能性を見くびっていたのだと思います。

こうして、海潮小学校での三年間の実践が終わりました。組織で方向性を共有すると、互いの仕事と仕事が結び付いて影響を与え合い、大きな力が発揮されることを実感しました。この三年間の仕事を糧に、私は、雲南市からいよいよ最後の勝負地の安来市へと向かいます。

（二）二校目での短期決戦

【言葉の力――展開の核――】

海潮小学校の後、一年間だけ安来市立布部小学校で勤務しました。

山の中の学校で全校児童が三十五名というごく小規模校でした。ここには、担任の先生が少なくて、それぞれの関係が強固で、新しい風を吹かせることはとても困難でしたが、それでも六月には、宮坂先生・戸田先生をお呼びすることになり、どの先生も自分から大きく変わっていきました。最初に飛びついてくださったのは、とても熱い心と豊かな感性をお持ちの赤山智恵教頭先生でした。毎朝、三十分、赤山教頭先生は私の教育についての語りをそのまま受け止めてくださいました。それを受けて、先生たちへの広報を積極的にしてくださいました。ここでは、教頭先生が展開の核となり、組織の空気が一気に動いていきました。

四月の内に組織の空気を動かすことができなかったら一年たっても変わらないと決心していました。その為、海潮小学校で学んだ組織づくりの手法に、一つだけ加えたことがありました。

それは、職員会議の時に自分の考えや願いをA四一枚に書いて、読み上げることです。音声言語は消えていきますが、書き言葉は残ります。リーダーは、言葉の力が必要だと思っていましたので、その時々の願いや思いを書き表して先生たちに伝えることにしました。

四月の始業式が終わってから、「第一日目に寄せて」という題で次のような文を書き、職員会議の時に読んでいます。

この学校でも、子どもや保護者への厳しい言葉が横行していましたので、それを意識して書いたものです。出会ったばかりなのにかなり本心をさらけ出しています。

私の本心をつづった文書は、職員会議の初めに必ず出すようにしましたが、いつの間にか職員たちはそれを心待ちにするようになりました。


第一日目が終わりました。とてもお疲れのことと思います。

先頃開幕したプロ野球ですが、ある解説者が、開幕戦は、年間行われる百三十試合の内の単なる百三十分の一ではないと言っていました。年間の戦いを決めるほどの意味を持っているそうです。

同じようにわたしたちにとっても一学期の始業式からの三日間、もう少し甘く見積もって五日間は、年間を決する程の特別な時間だと感じています。

子どもたちの身に付けている習慣や学級文化は、長い時間を経て獲得されたものです。例えば、家でまったく勉強しなかった子が、五分ずつ学習時間が伸びていくなどというような徐々の変化はありません。長い間かかって得た習慣や文化を変えるには「転換」しかないとある著名な研究者が言っています。まったく勉強をしなかった子が、三十分も四十分も勉強するようになるかならないか、そういう「転換」でしか人間は変わることができないそうです。

新学期の最初の三日~五日は、子どもたちが新鮮な思いで学校に来ていますから、まさに転換により変わる好機なのです。

どんな新しい学級文化を身に付けさせたいのか、どんな習慣を手に入れさせたいのか、そういう作戦を持って子どもたちの前に立ちたいものです。

短い詩などの教材を通して（実際の授業を通して）要求していけば、具体的で要求が（例えば瞳で話を聴く等）とても入りやすくなるはずです。教育史に輝くような、あるいは現職で一流と言われる様な実践者は、短時間であっても第一日目から間違いなく授業を行い、それを通して高い要求を子どもたちに出しています。

どんな教材でどのような要求をしていくかというような本質的なことについて、春休み中にみんなで作戦図を共有すると、後々がとても楽になると思っていました。しかし、学校現場では、どこにおいても旧態依然として春休み中の職員会議は、学校の行事や規則を確認し合うことが多く、本質的なことについての話し合いはなかなかなされない状況です。本校でも作戦会議が中途半端になり申し訳なく思っています。

さて、子どもたちと出会う前に、様々な不安な情報を耳にしましたが、今日、子どもたちの姿を見てとても安心しました。随分育てられているなと感動しました。

わたしたちは、どんなにがんばっても家庭を変えることはできません。前任校でも離婚の相談を何件か受け、相当な時間を費やして相談を繰り返しましたが、結局は、家庭の悩みを解決することはできませんでした。
もし、目の前の子どもに家庭的な課題があるとしたら、せめてその子が学校にいる間だけでも、教職員みんなで力を合わせて最高の幸福感を与えてやりたいと思います。

布部小でも先生たちの教育観、授業観は百八十度変わりました。皆、宮坂先生の指導を受けて言葉の科学的な意味（辞書的な意味）を大切にした授業をするようになりましたし、子どもの主体性を大事にする指導に変わっていきました。
それでは、布部小学校を後にする前に、ここでのエピソードを一つだけ紹介します。

【エピソード――子どもにできることは子どもに任せる――】

ある時、一・二年生の十二名ほどで松江城の見学に行くことになりました。二人の担任より校長も引率をしてほしいと頼まれました。
私は、「主体的に学ぶ子」という以前からの学校の教育目標を受けて、「子どものできることは、できるだけ子どもに任せる」ことをお願いしていました。そこで、子どもたちを二つのグループに分けて、先生たちは子どもたちの後をついて行き、松江城までの行き帰りをすべて子どもたちに任せることを提案しました。時刻の締め切りを作り、帰らなければならない時刻になったら、松江城に到達しなくても学校に向かうようにお願いしました。山間の学校です。子どもたちの日常は、すべて車での移動で、汽車に乗った経験のある子は、ほとんどいません。ましてや切符を自分で買った経験は皆無です。果たしてそんなことが一・二年生の子どもにできるか、二人の担任は心配顔です。でも、快く私の提案を受けてくださいました。

子どもや担任を少し安心させるために、グループごとにヘルプカードを三枚配って、三回までは、先生に助けてもらっていいことにしました。

学校から最寄りの荒島駅までは、スクールバスで三十分ほどかけて移動しました。

さて、駅に入るとさっそく二年生の男の子が「校長先生、今、何時ですか？」と聞いてきました。黙って右手を突き出すと、他の子が慌てて、「時計を見ればわかるよ。」とその子が無意識に先生に尋ねるのを制止しました。その子も慌てて時計を探して時間を確認します。この様子を見ていた他の子どもたちは、二度と先生に尋ねることはありませんでした。きっと他の班よりカードをたくさん残したいと思ったのでしょう。

しかし、いきなり、子どもたちは切符の自動販売機の前で、立ち往生してしまいました。どのボタンを押せばよいか分からないし、金額も分からないのです。断片的に読める「松江」の「松」、「子ども」の「子」を頼りにみんなで「ああだ、こうだ」と言いながらついに松江までの子ども切符を手にすることができました。学校では、おとなしいと思える子が、切符の値段や自動券売機のボタンの押し場所などを他の子に指示しています。子どもの意外な一面を発見し、引率者は皆感動してその様子を見ていました。乗り場も無事に探し当て、松江駅まで何とか着くことができました。

今度は、改札を出て十を超えるバスの乗り場の中から松江城に行くバスの乗り場を探さなければなりません。教師に聞いては、カードを取られるので、たまたま通りかかった通行人に、乗り場を訪ねています。普段の生活からは、とても感じることのできないたくましさです。

降りる場所も二年生の男の子が運転手さんに聞きに行き、皆に知らせています。得意満面で皆に伝えているその男の子の表情を今でもありありと思い出すことができます。

と、そこまでは良かったのですが、松江城のお堀までたどり着き、ほっとしたのも束の間、子どもたちは、お堀に生息する数匹のカメを見つけて動かなくなりました。かなりの時間、カメの見学に費やしています。ここまで来て、松江城にはたどり着けないのかと落胆しそうになりましたが、「早くお城に行こう」と誰かの促す声に、みんなが反応して、やっとお城の門をくぐることができました。教師が引率すれば、きっとこのような無駄を省いたに違いありません。子どもに任せるということは、子どもの目になり耳になり心になって教師が感じることでもあると思いました。私には、このカメさえもいとおしく思えました。

帰りも子どもたちは、色々な人に尋ねながら無事、荒島駅に帰って来ました。行きと帰りの子どもの姿の違いに気づき、私はとても感動しました。帰りは、子どもが自信に満ちて顔や体が膨らんで見えたのです。

こうして、低学年でも任せたら自分たちでかなりのことができることが証明されました。

子どもの可能性に感動した二人の担任は、この時の様子を劇にして秋の学習発表会で発表してくれました。その中で、子どもたちがお堀のカメに魅せられたシーンが登場し、思わず笑ってしまいました。

小規模な学校で教師の目が行き届きすぎるだけに、「子どもにできることは、できるだけ子どもに任せる」という視点は特に大切だと思いました。ただこれも、「主体的に学ぶ子」という学校の教育目標を私なりに解釈し教育の質を変えただけのことです。

わずか一年で後ろ髪をひかれるような思いで布部小学校を後にしました。

二、社日小学校での集大成

安来市立社日小学校は、伯太川の下流、桜の名所で知られる社日山のふもとにあります。市内では一・二を競う大規模校で、児童数は約三百名（各学年二学級、特別支援学級三学級、計十五学級）、職員は総勢四十名あまりです。

三月の下旬に来年度の異動が新聞で発表になると、すぐに先輩校長から電話をいただきました。

「教員生活の最後くらいは、大きな学校で苦労しなさい。最近は、保護者が大変で、クレームがいっぱいある。社日小学校の校長の仕事は、苦情処理係だと覚悟した方がいいよ。」

というものでした。

苦情処理係……その言葉の冷たい響きに憂鬱になりました。苦情が出るような教育をすれば、そうなるのは当たり前です。子どもが生き生きと可能性を引き出されているのに苦情を言う親はいないので、そのことは少しも恐れてはいませんでした。

ただ、職員数が多くなり、多様な価値観に溢れていることが予想されます。これまでの組織づくりの原則が生かされるのかどうか、それだけが心配でした。しかも残された時間は、わずか二年です。先生自らが変わっていくには時間が必要です。

本音を言えば、多人数であることや時間の制約をうまく突破できるか自信はありませんでした。しかし、今まで数々の超難物を短時間で変えてきた、正確に言うと当人が変わるような働きかけ（勇気づけ）に成功した自負もありましたし、なにより「なかずんば、それもよかろう」を信条としていたことは、私の気分をいくらか呑気にしていました。

【期待に満ちて――指示を書いた張り紙――】

新年度になると、いよいよ最後の決戦地、安来市立社日小学校に着任しました。

多くの先生たちに出迎えられて校長室に入りました。

この年は、校長以下三名の管理職がすべて異動するという通常では考えられない状況にありました。地域の人をはじめ周りの人たちは、このことを随分心配している様子でしたが、私は少しも不安を感じていませんでした。むしろ、管理職の総入れ替えは、前年度踏襲という悪しき慣習から逃れやすく、新しい教育を創造するチャンスだと思っていました。

この日、私は校舎の中ですぐに目に留まったことがありました。

職員室の入り口の戸に貼ってあった次のような張り紙です。

職員室への入り方
「失礼します」
　と言って礼をする。
「□年の○○○○です。」
「◇◇先生に用事があってきました。」
「◇◇先生はいらっしゃいますか。」

子どものおじぎした写真

これを見た瞬間に背筋がぞっとするほど嫌悪感を覚えました。子どもを完全に低く見ているし、厳しく言えば教育の放棄です。こんな指導や教育観に誰も疑問を感じていないのだろうか……と思いました。

アドラーも「教育は、教師が子どもへの「対等」意識と「尊敬」の念を持つところからすべてははじまる」と言っています。そんな思いであればこのような失礼な指示が出せるはずがありません。

またこんなところから仕事が始まるのかと、ため息が出そうでした。

しかし、職員室に入って先生たちに出会うと、今まで出会ったことのないような明るさがあり、エネルギーに溢れていました。このエネルギーが一つの方向に向いたら、とても質の高い実践ができるに違いないと、入り口で感じた落胆の思いは吹き飛び、期待が一気に膨らみました。

ただ、その中で一人だけ背中から殺気が出ていて近寄りがたい雰囲気を漂わせている若者がいます。その表情を確認すると、澄んで大きな瞳をしていますが、いじめられた動物が見せるあの目の表情をしていました。彼は、私の挨拶にも無反応でやり過ごしています。

彼こそが、「はじめに」の冒頭に登場したあの川吉先生です。

彼はどうして怯えた目をしているのだろうと疑問に思いました。ちょうど校長室に挨拶にいらっしゃった前任の先生がそのヒントを教えてくださいました。彼は、一昨年まで都会で勤めていて、三十歳以上に適用される中堅採用で昨年度島根県に帰って来たということでした。以前の勤務先で随分つらい思いをしたようだとも聞きました。そのお話を聞いて、お互いに良い出会いになればと思いました。

学校評価にも目を通しましたが、先生たちの旬の感覚を大切にしたいと思い、全員に社日の子どもたちの良いところ、課題だと思うことを書いてもらいました。

長所は、エネルギーがあること。課題は、挨拶をしないこと。いざこざが絶えないこと。そんな回答がほとんどでした。先生たちは、あまり授業には興味がないことや形式的なことにしか意識がいっていないことなども分かりました。

それでも私は、四月中にある程度勝負をつけてしまいたいと思いました。

校長としての余命が二年しかないという焦りと、これまでの組織づくりの自信が自分の思いを駆り立てていました。

【新しい三つの戦略――つなぐ・教材解釈・学力日本一――】

前校長先生からいただいた校務分掌（学校の組織表）に目を通したり、同じく異動して来た教頭先生や主幹先生と四月の行事予定などを打ち合わせしたりしているうちに、時間があっという間に過ぎていきました。そのすき間を縫って、私はこれまでの戦略を見直しました。そして次のような三つを付け加えました。

一つには、職員数が多いので、それぞれの仕事の内容を見極めて、意図的に仕事を「つなぐ」ことをし、相乗効果を引き出したいと考えました。人数が多い分お互いの仕事がつながれば、想像もできない程の組織の可能性が発揮されると期待しました。そのためにもできるだけ早く、皆で教育の方向性を共有したいと思いました。

また、職員同士だけでなく学級や異学年も結び付け、子ども同士の学び合いを活性化したいと思いました。これこそが学校という組織の強みだとこれまでの実践から確信していました。

二つには、知的な興味をかきたてる「教材解釈」を核として、先生たちが自ら変わっていくことへの突破口にしようと考えました。これまでの学校で、先生たちの興味関心を一番引き付けたのは宮坂義彦先生から教わった教材解釈だったからです。普通に読めば誰でも当たり前に分かる文章を、教材解釈してみると、言葉や行間に裏の意味が隠されていることに気づき、知的な興奮を覚えます。これが知識伝達の授業から話し合いを中心とした課題追求型の授業へと変わっていく契機になるに違いないと思いました。

三つには、「学力日本一」を目標にすることを宣言してみようと思いました。学力には、認知学力

（テストで表される学力）と非認知学力（がまんする力とか協調性等、点数で表せない学力）があることは承知していました。でもそれについては説明しないで「学力日本一」を目指すとだけ言えば、目標が分かりやすく、保護者や地域の方も学校の仕事に注目されるはずです。しかも、多くの保護者は、前者のテスト学力をつけてほしいと願っています。この願いをしっかりと受け止め、先生たちには、プロとしてのプライドを持って、どの子にも最低でも七十点は取る力を付けて欲しいと思っていました。

なにより学力テストの平均点を上げるためには、勉強の苦手な子を底上げしない限り無理です。三十点しか取れない子が七十点になれば平均点が大きく動きます。学力日本一を目指すことを学校内外に掲げる真の目的は、立場の弱い子を大切にする教育をして欲しいと願ってのことです。

このような新しい三つの戦略を考えてはみましたが、いきなりこれまで経験したことのないような内容で職員会議を行う上に、方針も耳慣れない内容なので、何人かはアレルギー反応を示すかもしれないと思いました。ただ、私の噂はすでに多くの職員の耳に入っていると思うので、それは意図せぬ広報となり、多少とも免疫ができているのではないかと踏んでいました。

しかし、そのもくろみは半分当たり、半分外れました。次の日に行われた初回の職員会議から波瀾の幕開けとなったからです。

学校を出る時に、急にあたりが暗くなり激しく雨が落ちてきました。せっかく満開に近い社日桜の花びらが雨にたたかれてアスファルトの上に一ひら、二ひらと張り付いていきます。これからの私の行末を暗示しているかのような思いになりましたが、職員室の明るくエネルギッシュな空気感を思い起こすと、すぐにそのような悲観的な心はどこかに消えていくようでした。

この日から、いよいよ夢のような二年間が始まりました。

【いきなりの抵抗――激動の幕開け――】

四月二日、最初の職員会議で、昨年度の学校要覧（学校の教育目標や各学級の担任名等をまとめて書いたパンフレット）を全職員に配り、学校の教育目標は、前年度を踏襲することを伝えました。但し、その目標で実践する「質」をみんなで追求していこうと呼びかけました。「質」を追求するために、次の三つを共通して取り組むことを提案しました。

〇全員を土俵に上げる
・考えを持つ・聴く・表明する（考える＝選択すること）
・子ども同士で相撲を取らせる（コミュニケーション能力の育成）
〇子どもにできることは、できるだけ子どもに任せる
・子どもの能動性を生かす
・結果にこだわらず、どんな力を育てたいかを明確にする
〇「自覚」から「自覚随意」へ
・回数主義の訓練や教師の指示命令ではなく、子どもが自覚で行動し、やがて自覚随意の状態

（意識しなくてもできる）になるようにする

この三つのことは、宮坂先生・戸田先生から教わったことの中から、すぐにできそうなことをまとめたものでした。

一つひとつ言葉を添えて丁寧に説明しました。

例えば、先生たちの耳慣れない「自覚」から「自覚随意」へという説明では、私の小学校時代に受けた漢字指導を例に出しました。

『トイレのスリッパも最初は次の人が使うことを「自覚」して揃えなければなりませんが、そのうち、無意識で揃えることができるようになると思います。これが「自覚随意」です。そのような指導とは逆に、私は小学校の時、担任の先生から新出漢字が出るとノートに百回書いて来るように指示を受けました。例えば「仁」という漢字を覚えるのに、テレビを見ながら「イ（にんべん）」を百回書き、その横に「二」を百回書いていました。自覚すれば、誰でもすぐに覚えられる漢字です。これが回数主義の訓練です。あらゆる場面で、子どもたちの「自覚」を促し、こういう指導から脱却して欲しいのです。』

また、この時に学力日本一を目指すことも伝えました。そのためにも、特に学力の低い子を底上げするようにお願いしました。

先生たちは皆、方針を快く受け止めた様子だったので、第一回の職員会議は順調だと思い、気分良く校長室に入りました。

それから五分もしないうちに、川吉先生が、息せき切って校長室に飛び込んで来たのです。

「校長、あなたの実践を見せてほしい！」

「はじめに」の冒頭に書いた状況の出現です。

職員室の彼の机の上には、筑波大学付属小学校の有名な教師の本がいくつか積まれていましたので、自分はその後を追っているのに、余計なことをさせられたくないと思っているのは明らかでした。私は、彼が心から納得して私の示す方向に向かってほしいと願っていました。そのためにも入り口で拒否されてしまっては、比較することもかないません。

私はすぐに、

「現役時代は、随分前になるけれども、幸いあなたと同じ三十代の頃にクラスの子に指導した絵があるので、クラスの子全員の作品を明日持って来ます。もしそれを見て、あなたの実践の方が上だと思ったら、百パーセント信じるからそう言ってください。その時は、私は今後何も言わないであなたの後をついて行きます。もし、私の実践が上だと思ったら、しばらく私の言うことに耳を傾けてくださいませんか。」

と彼に頼みました。

今思えば何と厳しい方法を用いたのでしょう。私は、彼と実践での勝負を仕掛けたのです。

次の朝、彼は七時に意気込んで校長室にやって来ました。

私は、彼の反応を確認しながら次のような絵を校長室に一枚ずつ広げていきました。

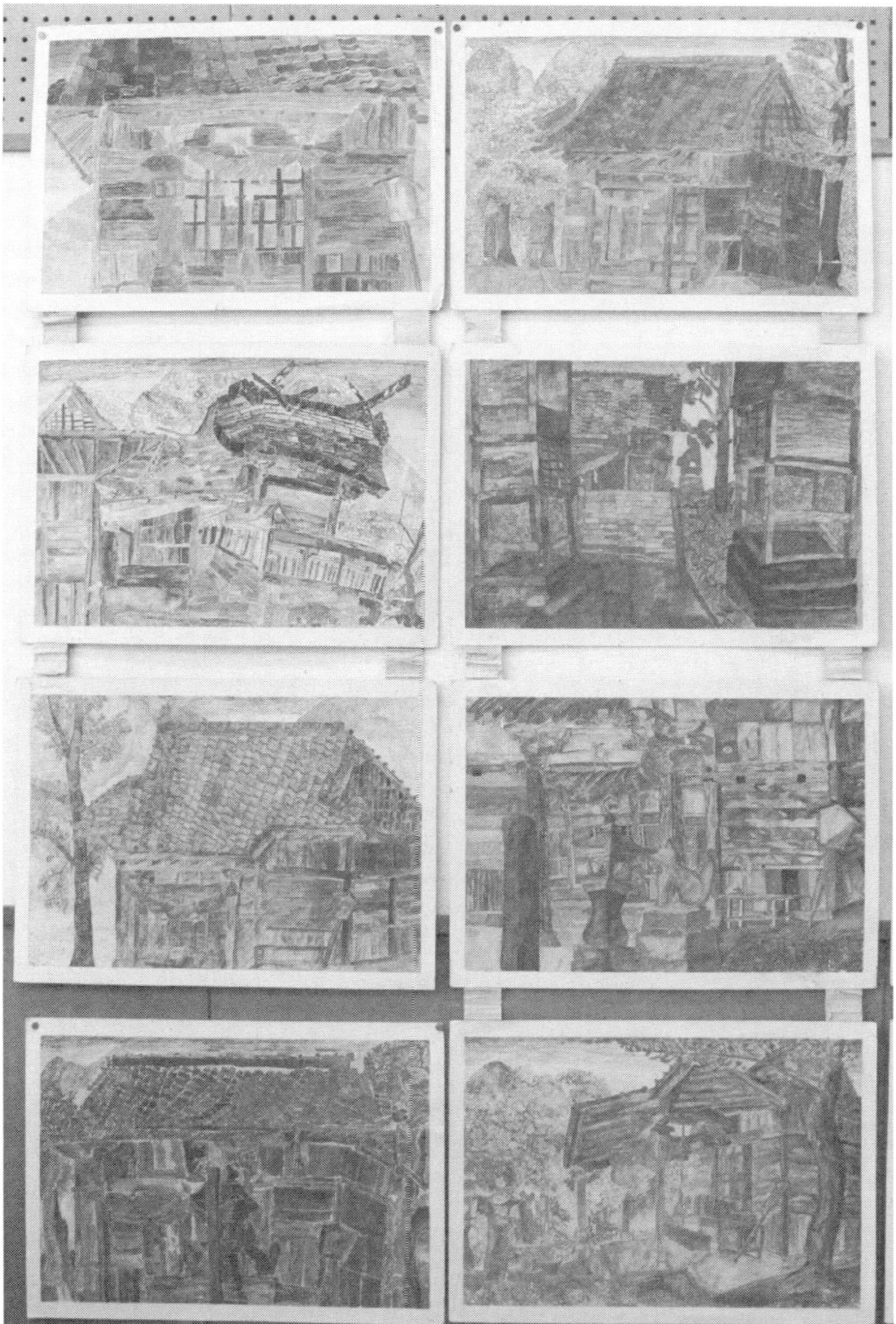

（安来市立飯梨小学校にて　～六年生二十五名の作品～）

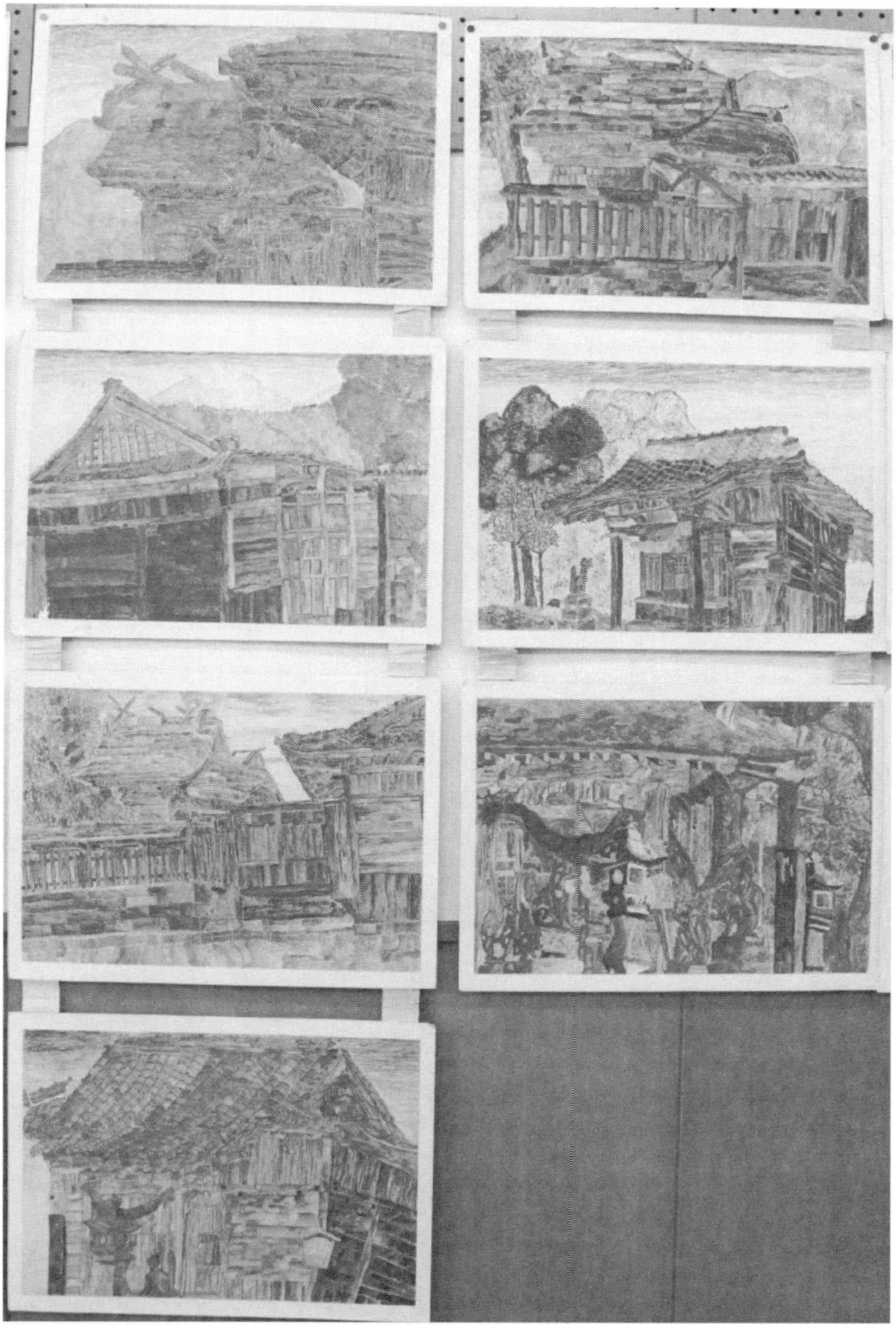

全部の作品を見ないうちに彼は、

「参りました。これからよろしくお願いします。」

と素直に言葉を出しました。彼のたくましい背中が急にしぼんだような気がして、私はとても悪いことをしたような気になりました。


教師が百人寄れば百通りあるのが教育論です。どちらの論が上かは、教師の創り出す「事実」だけが信用できると思ってきました。それで、二十代のころから友人たちと授業ビデオや合唱テープ、絵（全員の作品）等を持ち寄り、腕を磨き合っていました。本当は勝負にはならないと思っていながら、彼のこれまでを一度つぶすためにこのような方法を用いてしまいました。人は、何かでクラッシュしなければ、本気の学びにはつながらないからです。彼には、これまでの経験を一度すべて捨てて、そこから新しい実践を創造して欲しいと思いました。

うつろな視線の彼を前に、

「子どものために一緒にやっていきたいと思います。こちらこそよろしくお願いします。」

そう言うと、私は深々と頭を下げました。これほどの情熱、素直さを持つ彼に人間として大きな魅力を感じましたし、必ず新しい道を創造してくれるものと信じました。


彼はこうして私の方針（要求）に反応し、抵抗を示してくれただけでもありがたいと思いました。きっと、静観している職員がほとんどでしょうが、ひるんでいる時間などありません。出来るだけ早いうちにそれが共有できなかったら、先はあきらめるしかないと、厳しい思いでいました。

【教材解釈――意識改革の起爆剤――】

戦略どおり、宮坂先生から学んだ「教材解釈」で果たして何人の先生たちを釣り上げることができるのか、春休み最後の職員会議での大勝負が始まりました。

グループ学習の隊形に集まった職員に、次のような教材を配布しました。

まど・みちお

おさるが　ふねを　かきました

さるでも　かいて　みましょうと、
おさるが　ふねを　かきました。

けむりを　もこもこ　はかそうと、
えんとつ　いっぽん　たてました。

なんだか　すこし　さびしいと、
しっぽも　いっぽん　つけました

ほんとに　じょうずに　かけたなと、
さかだち　いっかい　やりました。

配布し終わると、自分が一回読むから、変だ、おかしいと思うところを探すようにお願いしました。読み終えて、何か分からないことがあるか聞いてみましたが、先生たちは、

「校長先生、何を言っているんですか？　読めば一年生でも分かる内容です。分からないところなんて一つもありません。」

と異口同音に答えました。中には、ばかにするなというような表情を浮かべている先生すらいます。

「みなさん、さすがですね。先生たちだから何でも分かるんですね。」

と、少し間をおき、

「私は分からないところだらけですよ。じゃあ、私の変だ、おかしいと思うところを一つ出すから、教えてください。」

と、続けました。

「一連の『みましょう』の『みる』ですが、この『みる』を辞書を引くと『確かめる』という意味があります。では、おさるさんは、『ふねでもかいて』何を確かめようとしたのですか。」

「ええっ？？？？」

教材を見る目が真剣になったのが分かりました。会議室の空気が一変したことを確認すると、ここから私は宮坂先生に成りすまして続けます。

「文学作品と言うのは、読めば誰でも何が書かれているかは分かります。自分の都合の良いことばに置き換えて、大体の意味をつかんでしまいます。この詩で言えば『かいてみましょう』と書かれて

いるのに、自分の中で『かきましょう』と置き換えて読んでしまっているということです。それを自動化の読みと言います。しかし、作者は言葉に仕掛けを作っていて、それに科学的意味（辞書）を当てはめて読むと、言葉の裏や行間に大切な内容が隠されているのが発見できます。この発見こそが教材解釈です。科学的な意味（辞書）を当てはめた読み方を科学的な読みと言います。自動化の読みから科学的な読みへと変化させるのは、変だ、おかしいという疑問です。」

この説明の後、もう一度良く読んで、問題を見つけてもらいました。それをグループで出し合ってから、全体発表の場を持ちました。

「このさるは、ふねを見たことがあったのか。」

「けむりを、なぜ『もこもこはかそうと』思ったのか。ふつうのけむりを描けばいいのに。」

「第一、絵を描いているのに『はかせる』とか、『たてました』とか、『つけました』は変だ。」

「『さびしくて』は、なにがさびしいか。」

「なんで、ふねにしっぽをつけたのか。」

「ふねに、しっぽはないのに、『ほんとにじょうずにかけたな』と思うのは変だ。」

各グループの中で、このような疑問を出し合ったり、面白そうな問題についてその答えをみんなで考えたりと、最初にもかかわらず大騒動となりました。もちろん、初めからこのような「考えやすい問題」として出し合うことができたのではありません。私がちょっとした先生たちの疑問を、

「面白い発見ですね。ふねなのになんでしっぽをつけたのでしょう?」

「何を試したのかは、どこで試し終えたのかを考えると、分かるかもしれませんね。」

「なるほど不思議ですね。」

「よくそんなことまで気が付きましたね。」

「間違いなんかないから、変だと思うことを言えばいいのです。」


などといちいち大きく感動を表現し、発言者一人ひとりを丁寧に勇気づけながら、考えやすい問題に変えたり、先生から出された問いそのものを膨らませたりしていったのです。若い先生の発言や養護の先生、事務職員さんの発言は、特に大げさに取り上げ、全員が自信を持って参加できるように配慮しました。

そのうちに、問題の見つけ方に当たりが付き、会議室全体が興奮に包まれている様子でした。私のこのような勇気づけのうまさは、これまでの修行の成果です。

それにしても、早い段階から教材解釈に、こんなに興味・関心を示すとは思ってもみませんでした。今まで体験したこともないような教材の読み方できっとおもしろかったのでしょう。

職員会議の進行役が、

「もう、やめてください。」

と言っても、熱中した話し合いは、一向に収まる気配がありません。

「えー宴たけなわですが……。」

と、仕方なく用いた私の宴会用語に、ドッと笑いが走り、やっと冷静さを取り戻す程でした。以後、教材解釈の話し合いを終える時には、この終了宣言が決まり文句となりました。


それだけ宮坂先生に教わった「教材解釈」が、職員たちに魅力を与えたということです。

このように、「教材解釈で知的興味をかきたてる」という戦略は、早くも大きな成果を見せました。それに加え、グループの隊形で、少人数で自由に自分の考えを出し合う解放された雰囲気も職員を魅了していると私は見ていました。

学校で行われる一般的な職員会議では、提案者が一方的にしゃべり、その後、質疑応答があるくらいで、「話し合う」ことなど、ほとんどありません。若手は意見を言いづらいので押し黙って時間をやり過ごしています。私が現役時代に経験してきた職員会議は、このような閉塞感に満ちていました。それを開放するためにグループ討議での話し合いを多用しました。グループで自己解放して意見が自由に言えないのに、全体でできるわけがないという理屈は、子どもも職員も同じだと思っていました。以後、職員会議はできるだけグループの形態で行い、そのグルーピングも低・中・高学年、男女、教材解釈の力などのバランスを考えて、私が独断で毎回変えていきました。こうしたグループによる「教材解釈」やその話し合いは、先生たちの授業観を変えたり、組織の一体感を産み出したりするのに、大きな起爆剤の役割を果たしました。

教材解釈という共通の課題を、みんなで話し合い追求していくという方法は、アドラーの言う「共同体意識」や「集団への貢献感」を高めることにつながったと思っています。

【対処療法の必要性――いじめ防止の授業――】

四月八日、いよいよ着任式、始業式の日を迎えました。

職員の評価通り、子どもたちのエネルギーを感じました。始業式における体育館への入り方は賑やかで騒然としていましたが、大きな声で号令がかかるとおとなしくなる様子でした。

この日は、子どもたちにとって、担任の発表が一大関心事です。そのためではないと思いますが、学校内は、落ち着かない空気に満ちていました。

始業日の私の最大の仕事は、学級の空気をつかむことです。特に担任の「気」の中にすべての子どもが入っているかどうか、全学級を見極めていきます。それができていれば、少々授業がまずくても学級崩壊までには至りません。

担任によって強い気や、荒々しい気、温かな気など千差万別でしたが、大方の学級は、うまくいきそうだったので少し安堵しました。

ただ、違う面で心配なことがありました。

この日、全校で集団下校をするために、玄関口に子どもたちがぞろぞろと集まって来たのですが、大声を張り上げながらあちらこちらで小競り合い（小突き合ったり、悪口を言ったり）をしています。子ども同士の関係性にしっとりとしたものを感じません。先生に行ったアンケート結果の通りです。

これは大変です。授業が変わり、子どもが育つまでには時間がかかります。目の前の子どもの様子は、すぐにでも、いじめや非行など何でも起こりそうな雰囲気です。先輩校長の苦情処理係という心配が現実になりそうです。

私は、とても雑然とした子どもの姿から対処療法をすぐに行わなければならない程の危機感を覚えました。担任に許可を得て、「いじめ防止の授業」を実施しようと決意しました。あくまでもゲストティーチャーとしての道徳の授業です。

「いじめ防止の授業」の詳細は省きますが、端的に言うと「いじめは、犯罪であり、皆を不幸にする」という内容で、いじめはしてはならないという子どもの自制心に働きかける授業です。実際にすぐに3年生以上のすべての学級で、この授業を行いました。

先生たちが、授業観を変え、新しい授業に取り組んだとしても、その成果が表れるまでには時間がかかります。本当は、それまでのつなぎとして、子どもの可能性をすぐに引き出すことのできる合唱やオペレッタ、器械運動などに取り組み、達成感を満たしたかったのですが……。それらに対する理解を得るための時間的余裕はありません。

仕方なくの対処療法でした。

【つなぐ——トップの見える力——】

初日は、六年生だけが残り、入学式の準備を行いました。

放課後、体育館に行ってみると、準備が終わった六年生が集められて、担任の益子幸司先生が、子どもたちに何かを語って聞かせていました。入り口から見ると、空気や子どもの集中した姿が美しく、先生の話に何か本質的な内容があることが推し量れました。

その素敵な空気に引き寄せられるように担任や子どもたちの近くに行き、耳を凝らして聞き入ってられました。彼は、他者に貢献することの幸福感について語り、子どもたちはそれをとても良い表情で聴いていていました。

私は、このような指導は入学式が終わった後の片づけの時にも行われるに違いないと思いました。

そこで、四名の若い先生の机の上に、片づけの後でとっても素晴らしい指導がなされるから聞きに行った方が良い旨のメモを職員室の机に貼っておきました。

次の日、どういう口コミが行われたか分かりませんが、入学式の片づけが終わると十名程の先生が体育館に集まっていました。そして二人の担任の先生の指導の言葉に耳を傾けています。

私は指導の行われている体育館の入り口に立ちながら、子どもたちや担任を含め十二名の先生たちの美しい姿をうっとりと眺めていました。

それにしても真摯に学ぶ人の姿は何て美しいのでしょう。清らかな空気感を満喫した私は、両手を合わせ、こうべを垂れると、体育館を静かに後にしました。

校長室の前で話を聞き終わった新採の津田明子先生とすれちがいました。

「どうでしたか。」

と聞くと、真っ赤な目をして、

「素晴らしい指導でした。私もあんな先生になりたいです。」

とおっしゃいました。その感性の瑞々しさに心が洗われるようでした。

この時に集まった先生たちの学びへの前向きな姿勢は、今後に大きな期待を抱かせました。

「つなぐ」という仕事は、組織力を発揮させるためにとても重要な仕事です。そして、何（どんな仕事）を、誰と、いつ、つなぐかは、トップの「見える力」によります。校長は組織の可能性を委ねられています。

【失敗話・恥話】

職員会議の前に先生達に文書を配って自分の思いや考えを伝えるようにしていました。それを少しでも能動的に受け止めてもらいたいと思い、私の「失敗話・恥話」として職員に伝えることを思いつきました。私が恥をかいた話であれば、より聞き入れやすいのではないかと思ったからです。

これを毎週欠かさずA四一枚～二枚にまとめ、職員会議の冒頭に校長の挨拶代わりに読むことにしました。二年間で七十枚近くは書いたと思います。

書く前には、必ず教室を周り、組織全体や個人の今の課題を見抜き、それを私の失敗談として内容に盛り込むようにしました。

職員会議でそれが配られるのを職員は心待ちにするようになりました。

「いつも自分のことだと思って読んでいます。」

などと言ってくれる希少な先生もいらっしゃいましたが、

「校長先生、誰のことを言っているのか、ドキドキするので、はっきり誰に宛てたのか名前を書いてください。」

と対象者がいることを見抜き、その名前を明かしてほしいと迫る先生もいました。それには、

「いやぁ、あくまでも私のことです。」

と小心者の私は、肝を冷やしながらごまかすしかありませんでした。

次の「失敗話・恥話」は、六年生の入学式の準備、片づけから多くの教師が学んだ直後に、その後の職員会議で読み上げたものです。

失敗話・恥話

四月十一日　社日小

季節は少し早いですが、あじさいの咲く頃になると決まって思い出す、「失敗話」があります。私が新採の時のことです。寝食を共にした（同じ家に賄い付きで下宿していた）校長先生から目から火が出るほど叱られたことがあります。全校で校庭の草を取った時、終わりの五分間で「草を百本抜いた人から終わりなさい。」と子どもに指示を出したからです。すぐに校長室に呼ばれ「さっきあなたの言ったことは、教育ではない。」と叱責されました。しかし、私は納得がいきませんでした。他の学級は、草取りの終わる頃に遊びだしていました。それに比べ、私の学級は最後まで一生懸命に草を抜いていたからです。

私は、校長先生の言葉の重みも考えず、新しい学校に異動すると、

「草を五百本抜いてください。百本ごとにその場で大きな声で報告してください。」

と、指示を益々細かく出しました。きれい事を言っても遊んでいる学級に比べ、私の学級は死にものぐるいで草を取っていました。恥ずかしいことにそんな状況に優越感を感じた時期もありました。

しかし、それから数年後、草取りの指示を細かく出すことは、草をきれいに抜いて校庭をきれいにしたいのは先生で、その手先になって働かされているのが子どもであるという図式にやっと気づいたのです。

そんな私に比べ、六年担任の二人の指導は実に見事でした。六年生を「使って」会場を準備し

たり片づけたり「させる」のではなく、子どもたちに「できるだけ任せ」て、六年生自身が新入生のために「頭を使って」能動的に動いていくというように指導されていました。

子どもたち同士の最後の振り返りの場や、その後の両担任の「語り」が、まさしく「教育」になっていると思いました。

その指導の様子を見た新採の津田先生は、目に涙をいっぱいためて職員室に帰って来ました。このように人の実践に素直に感動できる津田先生にも感動しました。

さて、子どもを指示で動かすことについて深く反省した私は、掃除について書かれている当時の本を片端から読みあさりました。

その中で、武田常夫先生（元群馬県島小学校の先生）が、

「子どもが掃除をするようになるためのこつは、子どもに感謝することです。」

と書いていました。初めは何のことだろうと思いましたが、そのうち、すぐに分かるようになりました。

社日の子どもは、一生懸命に掃除をしています。今日も一年生の女の子が、額に汗をいっぱい浮かせて、雑巾で廊下を何度も何度も往復していました。

その姿を見るたびに、

「ありがとうね。ありがとうね。」

と感謝の言葉が自然と出てきます。

歳を重ねても忘れることのできない「失敗話」の一つです。

二人の六年生担任の益子幸司先生と藤本花子先生は、初期の社日小をぐいぐいと牽引してくださいました。二人の教育に寄せる情熱は、とても魅力的でした。しかし、本校の実践の質が高まった時、情熱が大きい分は、方向性の転換に苦労する時がくるだろうと予測していました。

やがて二人は、実際にそのことに苦悩しますが、それはもう少し後のことです。


【最短！　――二週間余りでの快挙――】


これまでの学校でもご指導に入っていただいた宮坂義彦先生（元三重大学教授）や戸田淳子先生（元長野県小学校長）の宣伝は、すでに春休み中に行っていました。実際に戸田先生の授業ビデオを見たり、宮坂先生の教材解釈法を紹介したりしていました。介入授業（授業中の宮坂先生による直接指導）などについても話しました。同時に、教師は学び続けることが大切であることや、学ぶということは厳しい自己否定を伴うということなどを、「失敗話・恥話」などで伝えていました。何からどう学んでも良いけれど、絶えず自己変革をしていくことへの要求は繰り返していました。

これまで勤めた二校でも、お二人の先生をお呼びすることになりましたが、一校目は、みんなが「呼ぼう」と決めるまでに四か月かかりました。二校目は、それが一か月に短縮されました。今回は、なんと二週間程で決まったのです。

仮に職員の反対にあっても、校長が「私は二人を呼んで授業改革を行いたい。」と宣言すれば、百パーセント実現可能です。しかし、それでは職員が能動的に学ぶ状況は生じません。そもそも学習者が主体的でなければ、学びの効率は高まりません。ですから、いずれの学校でも、私は宮坂先生、戸田先生の素晴らしさを宣伝するだけで、先生たちが、自分たちからお二人を呼んで勉強をしたいと言い出すのを待つようにしていました。

幾人かの熱を帯びた先生が動き出すと、他の職員も刺激を受け、引き込まれていきます。そのエネルギーはしだいに大きな渦になり、周辺にいる人も、知らず知らずのうちにそれに飲まれてしまいます。そういう意味では、いったん空気が動くと、大人数の方が強い勢いが生まれやすいと思っていました。

案の定、四月二十四日の午後には、お二人の講師をお招きして校内授業研修会を実施することが早々と決まりました。

学校に大きな流れが誕生した瞬間です。

私は、この流れをしっかりとした本流にまで育て、豊かにしていく役割を果たさなければなりません。

「奇跡の教育」、「奇跡の学校」に向かっていよいよ歯車が動き出しました。

【宮坂先生・戸田先生初めての来校（一）――益子先生の苦しみ――】

宮坂先生を呼ぶことを皆で決断して、すでに一か月が過ぎようとしていました。この間にも、全学級が同一教材で扱う教材を決定したり、その教材解釈を行ったりなど、宮坂先生や戸田先生を呼ぶ準備を着々と行っていました。しかし、あと二週間余りで宮坂先生・戸田先生が来られるというのに、教室を回ってみると、どの学級でも相変わらず教師による教え込みの授業（知識伝達型の授業）がなされていました。繕っても仕方がないので、取り合えずありのままを見ていただいて、そこから出発すればよいと決心していました。

六月の初め、ついにお二人が本校にいらっしゃいました。全学級の授業の他に、全校合唱や私の指導するオペレッタ「大工と鬼六」を、低学年、高学年に分けて見ていただきました。

授業展開の大筋は、みんなで考えたのですが、益子先生は、それとはまるで違って、何と「仰げば尊し」のCDを流し、詩の授業にかぶせたのです。

作品に書かれている言葉の意味にこだわって授業を展開していくという、これから目指す方向とは百八十度異なる授業展開です。

私は、立ちくらみを覚えるくらい衝撃を受けました。

宮坂先生の評価のことなどは少しも考えませんでしたが、この授業観を彼が自ら転換させていくことへの困難を想像すると、暗澹たる思いが生じました。益子先生は、人並み外れたエネルギーを持つだけに、容易ではない課題を抱えることになると思いました。果たして二年でその課題を突破できるのか、心配が深まりました。

宮坂先生は、益子先生の授業を見終えて、校長室に帰って来るなり、

「ああいう国語の授業もあるのかも知れません。でも、どちらが良いのでしょうか（自分の授業論と比べて）。」

と授業中一つも介入（直接指導）しなかったことの理由を一言だけおっしゃいました。この言葉の裏には、「校長、もう六月なのに何を指導しているんだ。」という厳しい叱責があるような気がし、身の縮まる思いでした。

かと言って、私が前面に出れば、この益子先生だけではなく、他の先生方もせっかく主体的に学ぼうという機運が盛り上がってきているのに、しぼみかねません。私はこの時の宮坂先生の言葉を黙って飲み込みました。

彼も川吉先生のようにいったん潰れなければ、新しい方向を選択できないと分かっていました。しかし、今は何を言っても、しても、潰れそうにありません。戦車のような鎧が彼の体からはっきりと見えていたからです。

彼だって苦しいのです。誰しもこれまでの歴史とプライドを抱えています。

私は、仕方なく彼にアプローチできる好機を待つことにしました。

【宮坂先生・戸田先生初めての来校（二）――号令による教育の否定――】

授業指導の合間を縫って、私は、一年生から三年生までを集めて、体育館でオペレッタ「大工と鬼六」の指導をし、それを市内の先生に公開しました。研究会からの補助金を稼ぎたいという不純な動機もありましたが、今後に向けてオペレッタの魅力を少しでも先生や子どもたちに伝えておきたいと思ってのことです。

体育館で待っていると下学年がにぎやかに集まって来ました。いつまでもしゃべり続けていて一向に指導ができません。四列に並ぶのがやっとです。お話を聞くことを要求しながら、私は、百五十人の烏合の衆（失礼！）を相手に、オペレッタの指導を始めました。それでも多くの子は、私語を繰り返しています。そんな様子に耐えかねて、いよいよ戸田先生が、

「そんなにおしゃべりをするなら、一生しゃべっていなさい。」

と声をかけられました。

ところが子どもたちは、その戸田先生の怒りの言葉にも耳を貸さず、おしゃべりを続けています。その様子にいよいよ痺れを切らして、ピアノを担当していた音楽主任の小森奈保子先生が、私のところにつかつかとやって来て、

「校長先生、きちっと号令をかけて、子どもたち同士の間隔を広げてください。」

と激しく迫りました。

しかし、私は、

「そうやって子どもを動かしても、教育的な意味はありませんから。」

とその抗議を受け付けませんでした。

頭を使わせず、号令で子どもたちをロボットのように動かすことに抵抗がありました。職員室の入り口に貼ってあった張り紙と同じ仕事を私がするわけにはいきません。

子どもたちは、隣同士がくっついて窮屈そうです。体を動かすのにあちらこちらでぶつかりあって

いました。それでも隣の友達と離れようとはしません。指示で動かされ慣れていて、自分で考えて行動することができなくなっているのです。今は仕方ない、子どもたちが自分で動くことのできる範囲でオペレッタを創ろうと考えていました。市内の学校から十数名の参観者がありましたが、大義を守るために、見てくれなど、どうでもよいことでした。

私が動かないので小森先生は、今度は宮坂先生に談判に行きました。

「宮坂先生、子どもを号令で動かして、広げてください。体がくっついていて動けません。」

「今は、そんなことをしても無理ですね。子どもは育ちません。」

と私と同じように断られた様子でした。

子どもを号令で動かすことくらいは、たいしたことではないと思われるかも知れません。しかし、このささやかな教育行為の背景にある教育観、児童観は、教育の方向性そのもので、宮坂先生も同じお考えだったのです。こうした指導の細部に教師の教育観がにじみ出ます。小森先生には気の毒なことをしましたが、このことについて、宮坂先生との一致は、私に少し自信を与えました。

子どもは、一年生でも自分で考えて判断し、行動するという人間らしさを備えていますが、子どもを低く見ている教師は、その力を信頼することができません。この時の自己コントロールできない子どもの事実は、そういう教育を本校で繰り返してきたという証左にすぎません。

高学年の方は、指導が入りましたので、宮坂先生からは、「二つの学校があるみたいですね。」とそのままの感想をいただきました。私は、組織力の成果が表れるのはもう少し先になると予想していました。

それでも宮坂先生からは、職員を前にして次のような総評をいただきました。

「先生たちが、皆、解放されている。とても楽しそうにグループで話し合っている姿に感動した。」

「学校自体に勢いがある。驚きだ。教師の前向きさが伝わってくるし、きっと子どももそれを感じている。普通は、これくらいの規模だと何人もこぼれるが、一人もそういう先生がいないのは、すごいことだと思う。」

「ここの先生たちなら、やり方さえ分かれば、すぐにできるようになる。秋が楽しみですね。いつでも手弁当で役に立ちたい。」

このような評価は、秋に向かって実践を高めていくための大きな勇気づけとなりました。

そして、この時に受けた具体的な指導は、今後、私たちが進むべき方向の指針になりました。印象に残ったものを少し紹介しておきます。


〈授業について〉

○ おおざっぱに子どもに聞いていては、子どもの力を超えてしまうので、細かく分けて聞くことにより分かりやすくなる。
○ 言葉の科学的意味（概念）を獲得させることが教師の仕事である。しかし、ほとんどの教師はこれができない。
○ 作者は、細部の言葉に仕掛けを作っている。それなのに学校の先生は「内容」ばかり追うので「言葉なんかどうでもいい」と思っている。細部にこだわることにより作品のイメージがすっかり変わる。読み手が気づかないので多くの作者は嘆いている。
○　詩を朗読する時に棒読みになっている。詩に書かれている言葉はピアノの附箋である。死んでいるので、心を入れると生き返る。朗読は、明確に節を付けて読むと良い。
○　高学年の歌声に驚いた。音程は取れているし、声の質もいい。今すぐに出来たことではないと思う。もっと高級な歌を歌わせないともったいないし、かわいそうだ。
〈学びの構えについて〉
○　日直が前に出て、号令で動いて挨拶をするような犬などの動物でもできるようなことはさせない。人間は、頭を使って自分をコントロールできるので、一年生から先生が前に立ったらすぐに瞳を合わせて礼をする。人から号令をかけてもらわなければ動けないような人間にしてはいけない。
○　高学年の素晴らしい力を低学年に移していくと良い。高学年の歌の姿を見せるとか、授業を見せるとか交流をすると良い。低学年は憧れを持つと思う。それが学校組織の良いところだと思う。

それにしてもわずかな時間で、本校の本質的な課題を明確に捉え、明確に方向性を示される宮坂先生の「見抜く力」に驚くばかりです。

【学校を揺るがす大事件――指導観の大転換――】

宮坂先生・戸田先生の指導を受けても、相変わらず授業はあまり変化がありません。従来通りの知識伝達の授業がどの学級でも繰り返されています。

全校朝礼などで全校の児童が集まる時も、相変わらず私語で騒然としています。しかし、そのような集合の仕方が不快でないのか、誰も子どもたちを指導する気配すら感じられません。私は唇をかみしめてこの様子を四月から、誰かに気づいてほしいと思い見つめていました。

宮坂先生・戸田先生の指導を受けたのを契機に、この状況は一転するだろうと期待していましたが、期待外れに終わっていました。

いよいよ私の出番だと思っていましたが、そのきっかけをつかめず、ずるずると日を重ねていました。私が指導してその時に子どもが変化しても、先生たちが皆、共通の考えに立たなければ意味がないと思っていましたので、そのチャンスを待っていました。

それは突然に、学校を揺るがす大事件として出現しました。

自分をコントロールする意識のない子どもたちは、廊下をよくスピードを出して走っていました。それを見かねた一年生の先生が廊下の真ん中に細長い黒板を置きました。それに高学年の子どもが激突し、黒板が吹き飛び、一年生の子の顔面を切りました。

目の中に入っていたらと思うとぞっとしますが、何針も縫うけがでしたので、大騒ぎとなりました。女のお子さんですから、傷跡が消えなかったら訴訟もあり得るほどの大事件です。

保護者の人に、平身低頭お詫びをしながら、再発防止策を文書にし、お渡ししました。この誠意と素早い対応に、保護者の方からなんとかお許しをいただくことができました。

この時、再発防止策として、できるだけ早い内に全校児童を集めて、校長が、廊下歩行についての安全指導を行うということを約束していました。

このことを先生たちに話すと、「これまで厳しく注意したり、時には怒鳴ったり、菊の花を廊下の真ん中に置いたりと、色々なことをしたけれども、ちっとも良くならなかった。」と、長くこの学校に勤務している先生が訴えました。それを聞いてか、校長の直接指導に異議を唱える人はいません。

私は、さっそく次の日、臨時の全校朝礼を行うようにお願いしました。そして、もう一つ、いつも先生たちが教室から体育館に子どもたちを誘導してくるけれども、明日は、どんなに遅れても、どんなに騒がしくても良いので、担任は、体育館にいて、子どもが入って来るのを待っているように頼みました。自分で考え、判断し、行動する力を期待してのことです。

先生たちは皆、不安な表情をしています。中には、この要求のねらいが分からない担任もいたかも知れません。しかし、学校を揺るがす大事件です。皆、二つ目の私の要求も聞き入れてくれました。

【自己コントロール力――学校を上げての要求――】

次の日、子どもたちは、体育館にいる先生たちの空気を読むこともなく、いつものようにわいわいと体育館にやって来ました。

私は、体育館の前面に立ち、全校児童を待っていました。入る時も、入ってからもワイワイと私語を繰り返していましたが、全校児童が体育館に集まったことを確認すると、黙って両手で座るように合図をしました。話し声がまだ飛び交う中、数人の子がそれに反応して座ってくれました。私は、「すごい！　良く分かったね。」と感動を伝えました。今度は、両手で立つ合図をしました。勿論、座っていた子は、全員立つことができました。また「すごい！　かしこい！」と感動を伝えました。

これを二回繰り返しただけで、全児童がさっと座りました。子どもは天才です。それを見届けると私は、ドイツの心理学者のケーラーの実験をプレゼンテーションで子どもたちに紹介しました。

① 自分の娘の前に竹垣を挟んで人形を置き、障害物を回れば人形が取れるような状況に置くと、自分の娘は、障害物を回って竹垣の向こうにある人形を取ることができる。

② 次に、竹垣の向こうに餌を置いて鶏や犬を使って同じ実験をすると、鶏は、竹垣に向かっていったが、犬は、障害物を回って餌を手に入れることができた。

③ 最後に、餌を竹垣の近くに移動し、もう一度犬で実験すると、犬は本能である臭覚を刺激されて、今度は竹垣に突進し、障害物を回避できなかった。

このようなケーラーの実験を示しながら、どんな条件であっても本能に負けず、自分をコントロールする力である「理性」を持つことの大切さを伝えました。大人の号令や、指示命令で動くのではなく、自分で自分をコントロールする力、自分で自分を運転することのできる力が大切だと訴えました。廊下で危険な事故が起こったことを知らせ、このような事故が起こったのは、自己コントロールができなかった結果であることを語りました。

このような話を、子どもは勿論ですが、職員も真剣なまなざしで聞き入っていました。

話が終わると、私は、小指だけ少し上に動かしてみました。全員がさっと立ちました。

「すごい力ですね！」

と、感動を伝えました。子どもは集中力がないわけではなく、引き出されていないだけだと職員の前で示すことができました。さらに、要求を重ねます。

「次にすることの構えをつくって立った人いますか?」

と、問うと皆無でしたので、

「それではロボットですね。次は何をするか考えて立ってごらん。」

と、立つ時にも頭を使うように求めました。この後の子どもたちの立ち姿は、鳥肌が立つほど美しく、

「きれいですね!」

と感動の質が高まりました。

子どもたちは、この空気を壊さないように、ピアノの曲に合わせて、行進で教室に入りました。

初めて見るような子どもの美しい姿に、先生たちはどんなに驚いたことでしょう。

こうしてやっと、「自分をコントロールする力」を付けていくことを、全職員で共有することができました。

そして、先生たちがとてもびっくりしたのですが、それ以後、廊下を走る子がほとんどいなくなりました。

この日を分水嶺に、子どもの力を信頼して、子どものできることはできるだけ子どもに任せてみようという指導が主流になっていきました。

それからしばらくしてのことです。職員室入口に貼ってあった例の張り紙は、姿を消していました。

【益子先生の大転換――決死のアプローチ――】

益子先生に直接アプローチできる機会を伺っていましたが、ついにそのチャンスがやってきました。本校で県の大きな研究プロジェクトを引き受けることになったからです。私は、彼をこのプロジェクトのリーダーにして、授業公開をする機会を数多く与え、それを彼の大転換のきっかけにしたいと考えました。

さて、間もなく益子先生は、多くの参観者を前に授業公開をすることになりました。それは本人も落ち込む程に、子どもがあまり活躍しない低調な授業となりました。

授業後の研究会でたたかれ、落ち込む彼の傷口にまるで塩を塗り込むかのように、私は、出会ってから彼の授業や児童観をどのように見てきたか、そしてどのような期待を抱いているか、包み隠さず手紙にしたためました。それを職員室の机の上に置かずに、自宅に届くようにポストに投函しました。

それ以来、彼は生まれ変わったのではないかと思えるほどにすっかり変わり、謙虚で柔軟な姿勢に一変しました。授業も指導も大きく変わりました。

第二回目の授業公開では、彼は多くの方から高い評価をいただきました。今度は、彼の変化に対する大絶賛の内容を再び手紙にしたため、自宅に送付しました。

後に、彼が文学教材を書いた紙が真っ赤になるまでに教材解釈をしているのを見た時には、心が震えました。こうして、彼は、県内でも有数の力を持った先生に育っていきました。変わるためには、一度クラッシュして底から這い上がることが必要だったとはいえ、ずいぶんつらい目を強いたことをお詫びしたい気持ちで一杯です。彼の可能性を強く信じていました。

【宮坂先生・戸田先生――二回目の来校――】

この年の秋にも宮坂先生・戸田先生に来ていただきました。

「春とは、もう別の学校になっている。」

「教材解釈の力が、先生たちに随分ついている。」

「なぜこんなに先生たちが貪欲に学ぶのか。こんな雰囲気は、これまで経験していない。」

などと、評価していただきました。学校はすでに全員が方向性を共有し、大きな本流が生まれていました。

授業も宮坂理論を取り入れ、知識伝達の授業からみんなで話し合う（追求の授業）に転換されつつありました。中には、宮坂先生が感心されるほどの授業のできる先生も誕生していました。

校長初任校の海潮小学校では、「海潮方式」なる授業の形式を先生たちが作っていましたが、社日小学校では、主体的で深い学び（イメージの変容）を目指して「子どもの疑問」を大切にすることや「言葉の科学的意味（辞書的意味）を獲得させる」という授業の大きな方向性だけ共有し、後は個々の先生に任せることにしていました。授業は、生もので形式通りにいかないし、形式をつくると子どもを見ずに形式そのものが目的化される恐れがあると思ったからです。

しかし、教師主導から子ども主体の授業への転換は、そう簡単ではありませんので、苦しんでいる先生もまだまだたくさんいました。宮坂先生からは、

「校長さん、まだ分からない人がいるから、あなたがきちっと指導しておきなさい。」

と叱咤されたのでした。

それでも私は、再びその言葉を飲み込むと、当人が変わるきっかけを与え続ける道を選びました。残された猶予はいよいよ後一年余りとなっていましたが、不思議と焦りはありませんでした。先生も子どもたちも確実に変わってきているという実感があったからです。

子どもたちは、すでに足音の美しさまで意識して体育館に集まるようになっていました。その音はとても柔らかく、三百名近くの子どもが校長室の前を通って体育館に入るのですが、ドアを閉めていると、いつ通ったのか、分からないほどでした。教師や子どもの変化は、こうした音の「質」の変化にも、はっきりと表れていました。

この年の異動は、同じ学校には七年間しか勤めることができないという島根県の人事異動ルールによる一名だけで、他の全員が残留を希望し、ほぼ同じメンバーで二年目を迎えることができました。

一年後に、この職員たちと、あたかも極楽浄土の世界のような美しい世界に飛び込もうとは、この時はまだ、夢にも思ってはいませんでした。

組織力が生み出した奇跡は、最後の一年に起こったのです。

三、最後の年に起こった奇跡

【全校合唱――「青きドナウ」への挑戦――】

「社日小学校で歌われている曲は、今流行の消耗品の歌です。子どもたちの可能性を引き出すために、もっと高級な歌を歌わせなければもったいないです。」

宮坂先生からこうした指摘をされるまでもなく、私は、以前から質の高い曲を子どもたちに歌わせたいとの強い願いを持っていました。そのためには、音楽主任の先生に曲の選定について理解してもらわなくてはなりません。音楽のような芸術教科の中心となる先生は、自分の指導観がはっきりしていて、あたかも国家領空のような不可侵な世界をお持ちです。少しでも領空侵犯をすれば、スクランブル発進により厳しい威嚇を受けます。例え校長であっても、

「全校合唱でヨハンシュトラウスの『青きドナウ』を歌ってはどうでしょうか。」

などと単刀直入に言えば、

「高校生でも歌えないような曲をなぜ小学生に歌わせるのですか。一年生なんか歌えるはずがないじゃないですか。」

と、一蹴されるのはまだましで、

「素人が専門家に意見をする気ですか。」

と、心の中で罵りを受け、それ以後の人間関係が炎上するのは必至です。見事に撃墜されてしまった校長の名を、幾人も挙げることができます。

それでも、経営方針で教育の「質」の追求を掲げる私は、相手が誰であろうと、この勝負を避けるわけにはいきません。

春休みに入るとすぐに、音楽主任の小森奈保子先生と胃のよじれるような交渉を始めました。人は理屈では動きません。情に働きかけるしかないと分かりつつも……じゃあどのように情に働きかければよいのか、見当もつきません。とにかく言葉と誠意をつくそうと「ミツバチ理論」にすがるしかありませんでした。

午後一時から始まった交渉は、四時過ぎまで及びました。

アドラーは、「人と人は分かり合えないことが前提である。だからこそ話し合うしかない。」と言っています。その通り、粘り強く、言葉で教材の質のことやこれまで見てきた子どもの可能性などを伝え続けました。

何とか納得していただいた瞬間に、全身からどっと力が抜け落ち、ソファーからずり落ちて、へなへなっと床に座り込むほどでした。小森先生は、最後には根負けされたのだと思っています。

彼女は、どんな大曲でも初見で、しかも解釈を入れて弾くことができるようなピアノの達人でした。この方を味方につけたのですから、百人力を得たような気でいました。すぐに全校合唱の準備に取りかかり、新年度が始まると、さっそく全校で「青きドナウ」の練習を始めてくださいました。

【霞みゆく「青きドナウ」——合唱に価値を見い出せない先生——】

こんなにも苦労をして、やっと「青きドナウ」にたどり着いたというのに、新学期が始まったばかりのある朝、教室を周ってみると、「青きドナウ」を子どもたちが歌うのを横目に、日記や連絡帳を見ている若い先生がいました。忙しいのは分かりますが、子どもたちは、担任の歌に対するいい加減な姿勢に応えるように、なおざりに歌っています。このように子どもたちの心に垢を付けるのであれば、朝の歌はやめた方がましだと思いました。

とにかく、何とかしなければなりません。歌と向き合っていない先生を直接注意すれば、その状態の形だけは、変わると思いますが、それでは担任を本気で歌に取り組ませるようにすることはできません。多少時間はかかっても、毎回の職員会議で行っている「失敗話・恥話」を通して、自分の失敗として語り、当人がその気になるのを待つしかないと思いました。

怒りに任せて書きなぐったので、内容がとても辛辣になってしまいました。

失敗話・恥話（本真剣になれる子どもや教師に）　田中

だめ教師歴三十八年を迎えたわたしでありますが、その中でも特に音楽指導のだめぶりは、折り紙つきです。わたしは、「歌えない、音程を聞き取れない、ピアノが弾けない」という音楽指導に於いてはまるでヘレンケラーのように三重苦を背負った存在です。

そんな音楽音痴のわたしですが、一度だけ作曲をしたことがあります。しかも、新採の時に。

学級会で、学級の歌をつくることが決まり、何と作曲をわたしが担当することになったのです。

オルガンを適当にたたき、いい加減な学級歌をつくりました。歌詞の内容は、子どもが考えました。「うっかりしていると、学級にごみが落ちて大変だ」というようなフレーズが歌詞にあったと記憶しています。今思えばなんて低俗な曲を歌わせていたのだろうと申し訳なく思います。この頃は、教育の質の追求など意識の中に少しもありませんでしたので、毎朝、この曲を歌うようにしていました。（三十年後の同窓会で子どもたちが歌ってくれました。）

ただ、救いだと思うのは、本気で歌わせていたことです。逆に言えば、子どもが本気なのかどうかぐらいしか、当時のわたしには見えなかったのです。いい加減な声を決して許しませんでした。いつも全力で歌うことを要求していました。当時は、曲の解釈や体を楽器にする方法も分からなかったので、多分応援歌のような歌声になっていたと思います。

さて、先日の朝、教室を回った時に、ある先生が椅子の上に立って指揮をしながら、戸田先生から教わった合唱の原則を子どもたちに要求していらっしゃる姿を見て、感動しました。そのような教師の真剣な姿は、子どもたちに伝わり、子どもたちも素敵な表情で歌っていました。

それとは逆に、子どもが歌っている時に、ノートや日記を見ていらっしゃる先生が何人かいました。時間のない中で分からなくもありませんが、その姿もまた一つの教育となっていることを忘れてはなりません。

「歌なんか、朝、形式的に、適当に歌っておけばよいのだ。わたしは、君たちの合唱には興味がない。月の歌があるために仕方なしに歌わせているのだから。」

きっと、そのようなメッセージが、子どもたちに伝わっているのでしょう。子どもたちは死んだような表情や声で歌っていました。でも、担任はそれが気にならない様子です。子どもや保護者は、果たしてそんな担任を信頼するのでしょうか。

歌う時の表情や構えなど、細部をきちんと指導できる教員でなければ、様々な場面で子どもの可能性を引き出す教育などできません。学力保障などの大きな仕事も、ノート指導などの細部の指導の統合で成り立っているからです。

子どもは、恐ろしい存在です。担任の姿勢を的確に捉え、信頼したり、見くびったりします。そして、みごとに担任という環境に順応していきます。

ですから、クラスの歌声には、担任の力量、クラスの力が反映されると思っています。


これを読む時の私の語気は、無意識の内に、きっと荒々しくなっていたのでしょう。その後、朝の歌の指導は一変しました。

このような叱咤激励とも言えるような伝え方は、欠点を指摘しないというアドラーの勇気づけの方法から少し逸脱しているかも知れません。しかし、共感があれば、嫌悪という感情もあり、どちらも感動の表出です。言葉にしなければ相手に伝わりません。

それに、私には恐ろしい背後霊が憑依しています。厳しい内容を語る時には、私の頭上に、よく宮坂先生が降臨されるのです。この時も天からなにやら聞こえたような気がしました。

「私の要求はもっと厳しい。田中さんは、校長のくせに生ぬるい。しっかりしなさい！」

もしかしたら、空耳だったのかも知れませんが……。

【器械運動が突破口になった日――子どもの美しさを感じる目――】

本年度、松江市から中山律子先生が、私たちと一緒に学びたいと、社日小学校を希望して、来てくれました。

彼女には、新採二年目の津田明子先生と低学年を担任してもらいました。この二人は、とにかく明るく、学びに貪欲で、放課後になると校長室にノートを持って現れ、教材解釈とか様々な教科の授業の進め方などを聞きに来ていました。にぎやかに、笑い声が絶えないので、学びに来たのか二人で漫才をしに来たのか、分からないような訪問です。でも、私は，そのことにどれだけ心を癒されたことでしょう。来ない日は珍しいくらいで、校長室はまるで彼女らの放課後の遊び場のようでもありました。

五月の終わりのことです。午前中の休み時間に、二人が、いつになく真剣な表情で校長室に駆け込んできました。

子どもがまったく落ち着きがないので困っている、いざこざが絶えない、という訴えでした。渡りに船です。私は、今度六月に宮坂先生が来られた時に、何とか器械運動を見ていただき、これを全校に広げていきたいと考えていました。すぐに、

「では、器械運動をさせてみましょう。自分で自分をコントロールする力を付けるのに、とても適した教材ですから。」

と、マット運動の「横回り」の指導をさせてもらうことにしました。マットの上で、一本の棒のように横になり、腹筋と背筋を使って、かたつむりのようなスピードで腰を起点に回る運動です。合わせて、柔軟運動も紹介しました。自分の呼吸を使って、一ミリ一ミリ、丁寧に関節を広げていく柔軟運動は、自分の意思で体をコントロールする力を付けるにはとても適した運動だと考えていました。これら二つの指導を、私が実際にやってみせることになりました。

もう一つ、二人には、子どもの些細な美しさに感動し、それを教師が伝えると、目の前の子どもの姿がどのように変化するのかを、実感してもらいたいと考えていました。

早速、次の日、体育の時間に行くことになりました。

集合する時から、

「集まってくる時の足音がきれいだね。」

「話を聞いている時の瞳が開いていて、みんなのやる気が伝わってきます。」

と、感動の連続です。感動を伝えるたびに子どもが益々、美しく変化していくものですから、二人は驚いていました。

先の二つの指導が終わった後、子どもたちの充実感が伝わってきました。このまま教室に返してはもったいないので、美を意識した歩き方を指導し、この時間に学んだ内容を壊さないように教室まで行進で入ってもらうことにしました。

そのあまりに美しい子どもたちの歩く姿や後ろ姿に、二人の担任は、感動して、おいおいと泣き出しました。子どもの姿が美しいという見方があることに、この時初めて気づいたそうです。

私は、もらい泣きを避けるかのように、
「胸が高くてきれいですね。」
「足音が柔らかくて、うっとりします。」
と、最後まで感動を伝え続けました。

この学年は、この時より、自己コントロールのできる素敵な学級に生まれ変わりました。彼女らが子どもの見方を変え、豊かな可能性を信じるようになったからです。時々その後の指導をのぞいてみましたが、二人は、私以上に子どものささやかな変化を見逃さず、感動を伝えていました。教師の言葉の九十パーセント以上が感動を伝える言葉ですから、子どもが伸びないわけはありません。

そして、二人は、六月に市内の体育主任の先生方を集めて、器械運動の発表会まで行い、多くの参加者に賞賛をいただきました。

子どもの可能性は、無限です。同じように、教師の可能性も無限です。教師が柔軟に学ぶことの大切さを改めて思いました。

【三回目の宮坂先生・戸田先生の指導――「展開の核」――】

六月に、宮坂先生、戸田先生に三回目の指導を受けました。

授業の指導も楽しみでしたが、初めて歌った本格的な曲「青きドナウ」の全校合唱を指導していただくのを皆で楽しみにしていました。

全校児童の前に戸田先生が立たれるだけで、周りの空気が一変し、子どもたちの体の重心が前のめりになるのが分かります。

戸田先生が、全身を使って指揮をされると、子どもたちの声は、美しく、天井をこすって、体育館の後ろまで届くような歌声に変わります。先生たちは、この様子に感動し、子どものもつ可能性に驚きを隠せません。子どものダイナミックな変容を見ている教師の顔が、みな花開いているように見えます。


休み時間や放課後のちょっとした時間を捕まえて、先生たちは、戸田先生をさっと囲んで、子どもの声を引き出す指揮の仕方などを聞き出そうと必死です。廊下で歌いながら戸田先生と一緒に指揮をしている様子を、私は「いいなぁ、伸び行く先生たちの姿は、美しいなぁ。」と、幸せな思いで眺めていました。


さて、宮坂先生と戸田先生と昼休みに休憩している時に、ある先生が、夫は斎藤喜博先生のファンで、そのＤＮＡを引く宮坂先生、戸田先生のサインを頼まれたと、斎藤先生の書かれた『授業入門』という本を持って来ました。その裏表紙に、戸田先生はさらさらとサインを書かれました。

「あなたは、何も考えないでサインをしたのですね。」

と宮坂先生は、皮肉を一言述べられると、一晩の猶予を頼まれました。本を持ち帰って、斎藤先生の本の裏にどんな言葉を書かれるのだろうか……それは、きっと宮坂先生の目からご覧になった斎藤喜博先生の仕事の本質が書かれているに違いないと、私は興味津々でいました。

果たして次の日、本を渡される時に、こっそり見ると、

「展開の核の発見者としての斎藤喜博——宮坂義彦」

と、書かれていました。

宮坂先生は、斎藤先生の偉大な業績の中で、最も中心をなすものは「展開の核」の発見であると捉えていらっしゃると思いました。

実は、私の組織づくりも斎藤先生から学んだ「展開の核」を大切にしていました。組織の中で、全員が一斉に変わるなどということはありえませんので、今、誰を核にするか、何を核にすれば、現状や課題が突破できるのかということを絶えず考えていました。

ですから「展開の核」を大切にするという考え方は、授業だけではなく、組織に変化を与える戦略として、とても大切な視点だと思っています。

その後、先生たちにはこのエピソードを知らせ、教材解釈では、「展開の核」を発見していくことを再確認しました。

【体を変えることのむずかしさ――「もっと、ほめなさい」――】

「なんで、先生たちは子どもをほめないのですか。ほめると損するとでも思っているのですか。」

宮坂先生からこのような指摘を受けても、なかなかすべての先生たちが、子どもたちをほめるように変われません。

アドラーが言うように、「ほめる」は、上から目線で上下関係をつくるので、私は、できたら「感動」を伝えて欲しいと思っていました。

しかし、これまで子どもに、自らの描く理想像を当てはめて、足らないところを指摘することの多かった先生に、いきなり、子どもの当たり前の行動に感動をしなさいと言ってもできるはずがありません。まずは、ほめることによって減点の視点から加点の視点へと転換してくれればよい、その内、心が伴って感動するようになるだろうと思っていました。

しかし、頭では分かっていても、これまでの習慣や価値観が体に染みついていて、なかなか思うように自分の体を変えることができません。長年の喫煙者が、なかなか禁煙ができないのと同じで、先生たちは、自分の体を変えるということに随分苦しみました。

研究部が、一週間のフリー参観日をつくって、互いの授業を見合い、意見交換をする研修会を何度も何度も繰り返す中、徐々にこの課題を突破していく教師が増えていきました。

教師の体に染みついた垢を落としていくのは、厳しい自己否定を前提としていて、指摘してくれる仲間の力なしでは、成し得ないことだと思いました。

宮坂先生、戸田先生をお迎えして三度目になりますが、研究についての職員会議が終わってからも、宮坂先生、戸田先生の周りを先生たちの囲いができて、教材解釈を聞いたり、合唱の指揮を習ったり、一緒に合唱をしたりと、職員の能動的に学ぶ姿に、私は確かな手ごたえを感じていました。

組織が方向性を共有すると、個人で学ぶより何百倍も速くて深いものになると思いました。宮坂先生に至っては、ご高齢にもかかわらず、二日間に渡り、九時近くまで付き合ってくださいました。それなのに、まだ物足りないのか、ホテルまでの送迎を買って出て、ホテルにまで入り込んで、なおしつこく教材解釈を教わる先生などもいました。

今回の指導の総括の場で、宮坂先生、戸田先生からも、

「ここの先生たちと出会うのを楽しみにして来ました。とっても気持ちの良い先生たちです。」

「これほど学びに貪欲な先生たちのいる学校に来るのは、初めてです。」

などと、感想をいただきました。

今度の研修会で一番びっくりしたことは、会が終わるとすぐに宮坂先生、戸田先生の前につかつかと出てきて、いきなり、

「私は、今後十年の教職をまっとうするために、この学校に学びに来たのです。(だから、遠慮なく指導してほしい)。」

と、啖呵を述べた女先生がいたことです。その迫力に、お二人の講師の先生も、私も目を白黒させるばかりでした。お二人は、何と思われたのか分かりませんが、私は、何としてもこの人の思いに応えなければならないと、大男に胸ぐらをつかまれて引き上げられたような心境になりました。「組織の長は、情熱と誠意は誰にも負けてはならない」と思ってはいましたが、それが逆転されてしまったように感じた瞬間でもありました。

「ほめる」「感動する」という体の変化は、仲間の影響によっていずれみな成し遂げていくに違いないと思いました。

【大ピンチをチャンスに――宮坂先生との勝負!】

夏に、宮坂先生が主宰していらっしゃる「授業研究の会」が名古屋であり、希望者が多数出かけて

行きました。十人は参加したと思います。

私は、学びに行きたい人には、行きたいだけ行かせる方針で、全員に等しく出張旅費を使うというような横並びの平等論には与していませんでした。

その代わりに、学びに行った人は、他の職員に研修報告をしてくれれば、皆の勉強になって良いという考えでした。毎年、学校の出張旅費が足らなくなるので、県の事務に連絡をして平身低頭お願いし、都合をつけていただきました。

さて、この夏の研修会参加後に、大事件が起きました。

「研究会に参加したけれども、会全体で宮坂先生の解釈を押し付けられていやな思いがした。」

「つまらん。俺はその宮坂先生の解釈に納得できん。」

と、強者たちが、夏休みの終わりに設けていた研修報告会の場で騒ぎ出したのです。明らかに研究会に参加しなかった先生たちに不安の表情が広がっていくのが見て取れます。

これは、大変なことになったと思いました。一気に教材解釈の熱が冷め、授業の方向性を失うのではないかと、私は、不安に包まれました。

しかも、その文句の矛先は、恐らく私の方にも向いています。

彼らの不満は、私には理解できました。かつて同じような気持ちになったことがあったからです。みんなの気持ちが収まるようにうまくかじ取りをしなければなりません。

「気持ちは良く分かります。教材解釈を、押し付けられても納得できないのは、私も同じです。解釈は、作品の言葉や人の数だけあります。どれか一つが正解だというわけではありません。教師は、とどのつまり自分の解釈で授業するしかありません。借り物の解釈で、子どもと対決すると、授業が整理できなくなる可能性があるからです。ですから、これからも、自分たちの解釈を大切にしていきましょう。

但し、解釈には、浅い、深いがあるので、みんなで宮坂先生の解釈に挑戦していってはどうでしょうか。」

この提案に、みんなは大乗り切りとなりました。私は、宮坂先生の胸を借りて教材解釈のぶつかり稽古をすれば、短期間で先生たちの教材解釈力が飛躍するに違いないと、このピンチを好機に変えたのでした。

さっそく私は、宮坂先生にお会いした時に、「先生たちが、解釈で勝負をしたいと言っています。」と、このいきさつを話せずに果たし状をおずおずと渡しておきました。

教材解釈を知ってわずか一年半余りの、いわば教材解釈の素人たちの集まりに、教材解釈法の創始者であり、超玄人の解釈人でもある宮坂義彦氏が負けるわけにはいきません。また、負けるはずもありません。だからこそ先生たちは、力を合わせ本気でぶつかっていきました。

こうして、解釈をめぐって両者の火花が散る構図ができあがりました。

そこまでは良かったのですが……。

十月の初旬に行われた修学旅行は、教員生活最後でもあり、のんびりと楽しみたいと不謹慎なことを思っていました。ところが、いよいよ寝る段になると、六年担任の本松秀樹先生が、ボストンバックから辞書を取り出すではありませんか。
不吉な予感は、的中しました。
「校長先生、朝まで生解釈です。」
と、わけの分からないことを言い、十月の終わりに宮坂先生と対決する教材の解釈が始まりました。もう一人の担任は、あの川吉先生です。

私は、勘弁して欲しいと布団をかぶり、たぬき寝入りを始めました。ところが、二人ともわざと私の頭もとで、辞書を片手に大きな声で教材解釈を始めました。こんな状況では、寝られるわけがありません。とうとう私は飛び起きて、教材解釈に付き合う羽目となりました。三人で辞書を片手に、午前三時過ぎまで夢中で教材の言葉を追いかけていました。

二人の熱意は、すでに他人が近づくのもはばかられるような危険水域に達していると思いました。もしかしたら、彼らは、私の教職最後の修学旅行の引率を、手荒く祝福してくれたのかも知れません。

そう考え、私は心の中では二人に両手を合わせ感謝しました。勿論、修学旅行二日目は、厳しい睡魔との戦いとなりました。

宮坂先生との教材解釈のぶつかり稽古は、結果論とは言え、先生たちの学びの意欲を一段と掻き立てることにつながりました。

【第四回目の構内授業研修会――もう一度見たい――】

十月の終わりに宮坂先生、戸田先生をお迎えし、第四回目の構内授業研修会を行いました。職員には言いませんでしたが、私はこれが最後だと思い、お二人の先生に対する惜別の思いを持って臨んでいました。この続きがあろうとは、この時には思いもよりません。

さて、詳細は省きますが、お二人の先生は、子どもや先生たちが、あまりにも伸びているので、なぜこのようなことが起こっているのか不思議でならないとおっしゃっていました。

三日目の最後に、宮坂先生に感想と今後の課題を述べてもらいましたが、とても印象深い内容でしたので、記録をそのまま紹介します。

○　授業中に子どもの話す声は、ボールなのです。ボールを受け止める構えができていないと、せっかく子どもが発言しても、それを生かすことができないのです。バレーボールでも「気を付け」をして待っている人はいないでしょ。どこにボールが飛んで来てもいいように手を前に出し、腰を落として構えているはずです。

○　安来市には日立工場がありますね。ベルが鳴って仕事が開始になったら、そこで働く人はものすごく集中して働くのです。学校はそういうことがないものだから、とても呑気にしている。先生たちが、子どもが集中していなくても当たり前だと思っているのです。絶えず集中して、能動的に聞いて、声と体で反応し、声では最初は「同じか」「違うか」「分からないのでもう一度言って」なのか、反応する体をつくって行かなければならないと思います。

○　発言する子以外が休憩していては、子どもに力がつかない。絶えず反応しようと思えば、かなりエネルギーがいる。だから子どもは、休んでいる方がいいので抵抗するに決まっている。それに子どもが負けないように教師が一人ひとりを見て、支援していくことが大切です。絶えずやり続けて欲しい。そうではなく、子どもが休憩している状態を流してしまうと、その状態が三月まで続いてしまう。友達の今の発言を取り入れて次を創っていくことをしないと、友達を大切にしているとは言えないでしょ。

○　親は、子どもが学校では絶えず仕事をして欲しいと思っているのか、休憩して欲しいと思っているのか。当然、親はきちっと仕事をして力を付けて欲しいと思っている。当たり前のことなのです。だから先生は、勉強の体を操縦できる子どもに育てていかなければなりません。

○　大人は、一生懸命に働いているのだから、子どもも学校で仕事をしなければならないと思います。それは労働観であり、授業観です。私は、子どもの学びは子どもの労働だと思っています。

○　子どもたちが授業中に辞書を傍らに於いて辞書が身近になっている姿は、とても良いと思います。辞書は武器です。それを短時間で子どもたちに手を入れさせているところが、皆さんの凄いところです。

○先生たち一人ひとりが自分を太らせていこうという意識がよく伝わってきます。それは、蚕が桑の葉を貪欲に食べて、絹を創っていく姿と重なるほどです。

○　言葉の意味をつかませることの大切さが分かった先生がたくさんいました。その方向でいいと思いますよ。

○　これからこの学校がどのように伸びていくかとても楽しみです。三学期に手弁当でこっそり見に来させてください。

「こっそり見たい。」

果たしてこれは宮坂先生の純粋なささやきなのか、ここからが勝負だという激励なのか、疑心暗鬼が広がり、しばらくは、この言葉だけが私の胸の中で膨らんではしぼみ、しぼんでは膨らんでいました。

【全国公開研究会の決定――多数決による選択――】

紹介が遅くなりました。私は、二年目の研究主任に、あの若い川吉先生を大抜擢していました。彼は、三十代でベテランと若手をつなぐミドルリーダーとしてはとても適した年代です。でも、そのことで彼を選んだわけではありません。私は、かねてから二年目の研究主任は、実力、年齢、性別も一切関係なく、最初に変化した人にお願いしようと思っていました。人が変わるということは、背景によっぽどの大事件とか感動があったということです。研究主任になれば、それが自然と皆に感染をするだろうと考えていました。例えは悪いかも知れませんが、重篤なインフルエンザの患者を、部屋の真ん中に置く作戦です。ですから彼には、

「方向性は、すでに共有しているから、あなたは、自分の実践を進めて、その背中でみんなを引っ張って行けばよいから。」

と伝えていました。

彼はその通り、懸命に実践を進め、言葉ではなくその事実で、他の先生たちに大きな影響を与えていきました。

それは、追求の授業（みんなで話し合う授業）だけではなく、子どもにできることはできるだけ子どもに任せるというような方向性でも、徹底していました。

彼の学級では、給食当番をやめていました。海潮小学校で視察に行った髙﨑美代子先生の学級みたいです。私が、「髙﨑先生は、同じ子が続けないように配慮すると言っていましたよ。」とアドバイスしたことがありましたが、彼はすぐに「大丈夫です。給食当番は、人気があって子どもたちがかわるがわる競ったり、譲り合ったりしています。」と答えました。その給食のエプロンも、多くの学校では、負担を平等にするために順番を決めて、週末に家に持ち帰らせ、親に洗ってもらい、次の週に持って来るというシステムになっています。ところが、川吉先生の学級では、子どもたちが、親に迷惑をかけたくないからと、自分たちで家庭科室の洗濯機を使って洗っているとのことでした。川吉学級の子どもたちは、あらゆる生活を子どもたちが、主体的・能動的に送っていたのです。指示命令で動いていた一年前の子どもの姿とは、真反対の姿を見せていました。

さて、その川吉先生と十月に宮坂先生にご指導いただいた最後の日に「来年2月に、もう一度学校をこっそり見たい」という宮坂先生の申し出を、どうするか話し合いました。二月は、卒業式前やら学習のまとめなどがあり、学校にとっては、とても忙しい時期です。これまでのように三日間もご指導を受ける余裕がありません。私は心の中で、一日だけ来てもらって、これまでの取組の締めをしてはどうだろうかと思っていました。

しかし、すぐに彼は、私が最も聞きたくない言葉を発しました。

「いっそうのこと一日に絞って、全国公開をしてはどうでしょうか。」

私の全身の血液は、「全国公開」という単語に拒絶反応を示し、一気に逆流し出しました。心臓の鼓動が聞こえそうです。公開研究会がいかにしんどいかは、それを何度も参観した私には、痛いほど想像ができます。できたら公開研究会は避けたいというのが本音です。指揮官としての自信も全くありませんでした。全国の腕自慢の先生たちが、期待をしてやって来るわけですから、ある程度、結果を要求されます。先生たちも苦しめると思いました。

でも、すぐに私は、自身の良心に従って、先生たちの伸びる方を選択しなければならないと思い直しました。動揺を隠すように少し低く押さえた声で、

「私も、その考えに賛成します。厳しい締切りができるので、これまで宮坂先生から学んだ原則を、きっと自分のものにできると思います。但し、こんな大きな方向を二人で決めることはできないので、皆で話し合って決めるようにしてください。」

と、決断を伝えました。

さあ、次の日の職員会議で、研究主任はどのように話を切り出すのだろうと、ドキドキしていましたが、そんな私の心の内にまったく無頓着な彼は、唐突に、

「どうせ宮坂先生に見ていただくなら、来年の二月に一日だけとって、全国公開をしてはどうでしょうか。多数決で決めたいと思います。」

といきなり切り出したのです。論理は飛躍している上、話し合いも、すっとばかしています。心の中で七転八倒をしているのは私ばかりです。反対多数が可視化されれば、「実践は、今のレベルで終わりです」という死刑宣告を受けるに値します。それなのに彼は、圧倒的なスピード感を保ちながら多数決の手続きを進めます。

「まだの人（まだどちらか決めてない人）。」

と聞いて、職員全員が、選択を決めたことを確認すると、

「全国公開に賛成の人？」

と、一気に多数決を強行しました。

……こわごわ視線を上げてみると、全員の職員が手を挙げているように見えます。

「反対の人？」

反対者は、一名だけでした。養護教諭の山田佐代子先生が、忙しい時期に先生方の負担がかかるからと配慮して反対してくださったのです。

私は、どちらの挙手にも救われました。

それにしても、川吉先生のダイナミックな決め方に、小心な私は、おろおろするばかりでした。この時期に及んでも、職員を信頼しきれていない私は、心底だめな管理職だと思い泣きたいほどでした。川吉先生は、職員室の雰囲気から話し合う必要もなしと読んでいたのかも知れません。それならそうと……。

こうして二月十日に、本校の実践を全国の先生に見ていただくことが決まりました。宮坂先生の息

のかかった目の肥えた人たちがやって来ます。こうなっては、子どもや職員の素晴らしさを何としても伝えなければなりません。

私は、校長として、いよいよ後のない崖っぷちに立たされることになりました。

【新採、原口勉先生の信じがたい大変身とその秘密】

一日公開研究会をすることが決まって、一気に緊張感が増したのは、私だけではありませんでした。すべての職員が、張り裂けるような思いを背負っていました。

そのような空気感の中で、信じられないほどの大変化をした若い教師がいました。新採二年目の原口勉先生です。

十二月初めのことでしょうか。彼は、オペレッタの朗読の指導をして欲しいと頼みに校長室にやって来ました。私は、二つ返事で承諾すると、次の日、約束した時間に彼の教室に行きました。

教室に一歩踏み入れた瞬間に、五日前に廊下を通った時の空気と一変していることに気づきました。それどころか、その教室にいる子どもたちは、全員入れ替わったのではないかと思えるほど変容しています。どの子も瞳がらんらんと輝いて見えます。

三日前に見た時には、授業に集中できなくて机の上に突っ伏したり、私語をしたりしていて、ちっとも授業に集中していない様子を見て、どうしたら良いのだろうと思案したばかりです。

それが、その時とはまるっきり違い、子どもたちが、机から身を乗り出して、私の指導を待ち構えています。その姿に応えなければならないと思い、私はにわかに緊張しました。

朗読のレベルを確かめるために、最初に全員に一つのセリフを朗読してもらいました。なんと、鳥肌の立つほどの素晴らしい朗読でした。

「原口先生、これ以上何を指導しろというのですか。今でもすごい朗読になっていますよ。」

と言ったのですが、

「校長先生、お願いします。」

と、彼は、私の辞退を認めてくれません。

しかたなく、朗読の技術を何点か指導しました。さらにびっくりしたのは、私が指導する傍らにいた原口先生は、私の指導の声よりも大きい声で、子どもたちの素晴らしいところを見つけて、絶えず感動を伝えていたのです。十秒に一回くらいの勢いで感動を伝えるものですから、私は、指導の邪魔だと思いましたが、それ以上に、繊細で自己表現の苦手な彼が、このように本気で子どもに感動を伝える姿、その変容ぶりに驚嘆しました。子どもの集中力も一変していたので、彼が一体どんな魔法をかけたのか取材し、他の先生たちにぜひ伝えたいと思いました。

彼がとてもシャイで、自己表現することが苦手だということは、先生たちは皆知っていたので、この彼の変化を伝えれば、特に若い先生たちに大きな刺激を与えるに違いないと期待しました。

放課後を待てず、昼休みに彼を校長室に引きずり込み、すぐに取材です。

「子どもも先生も、五日前とまるで違うけれども、どんな秘密がありますか。」

という私の問いに、彼はにこにこしながら、次のように話してくれました。

『私は、先日、本松先生が、全校児童に偶然と実力の違いを話されたり、校長先生から高橋尚子選手が小出監督から足の裏をほめられたお話を聞いたりして、ピンときました。それで子どもたちに、実力はその人の能力によるものと努力によるものがある。先生は、ウサイン・ボルトが怠けて十秒で走るより、たとえ二十五秒であっても、一生懸命に努力している人の方に価値があると思うので、これからは、頑張って努力している姿を認めてほめるようにしたいと子どもに話し、実際にどんどんほめるようにしました。

また、これまでグループをくじ引きで決めていましたが、戦略的にどのグループにも司会者ができる子を入れて組み直し、グループでの話し合いがスムーズに行われるようにしました。そして、全員に、考えを持たせたり表現したりする力を付けるために、挙手指名をやめました。

また、友達の発言に反応することを徹底しました。反応しなかった子には、あなたの考えも聞きたいということで、途中まででいいから言わせるようにしました。少しでも言えたら無茶苦茶にほめるようにしました。こうして「聴くこと」、「反応すること」を厳しく要求していきました。』

「すごい！　宮坂先生や戸田先生から教わった武器（指導の原則）や同僚から学んだことを徹底したのですね。」

「はい。そして、国語だけでなく、すべての教科で、子どもの疑問を大切にした授業をするようにしました。」

「それで、社会科とかの授業の進め方を、この間、私に聞きに来たのですね。」

「はい。」

そう答えた彼の顔は、以前の顔とはまるっきり違って見えました。目の前の子どもの姿を激変させたという自信でしょうか、表情がくっきりとしています。
この彼の激変を聞いた先生たちが一段と燃え上がったのは、言うまでもありません。特に新採や新採三年目までの先生が刺激を受けて信じられないような変容を遂げていきました。

公開研究会をしなければならないという学校の危機が、組織力の結集につながったのです。

【公開研究会に向けての高い壁――全学級の表現――】

全国公開が決まったのですから、開き直って、斎藤教授学（斎藤喜博先生の教えを学ぶ研究団体・学校）でこれまでなされていたように、国語・器械運動・表現（オペレッタ）・合唱のすべてを見ていただこうと思いました。

器械運動は、子どもたちに集中力や自己コントロール力が育っていたので、どの学年も一・二時間という通常の体育の時間内で、できるようになりました。

問題は、表現（オペレッタ）です。

一、二、六年生の三学級は、十一月の学習発表会で一度オペレッタに挑戦していたのでまだ良かったのですが、他の学年は、初めての挑戦となります。十一月中ごろから歌の練習をして、一月十日になってから、やっと振り付けを始めるような状況でした。土、日を入れてあと一か月しかありません。無謀とはこのようなことを言うのでしょう。

五年生にいたっては、恥ずかしがって全く体が動かせない状況でした。私は、これは大変なことになった、腹を切ろうと思いました。私の右足は、すでに崖から外れ、今にも奈落の底に落下しそうです。

さっそく、校長室に五年生の担任たちを呼び、この状況を打破するのを私に任せてもらえないかお願いしました。ところが、すぐに、「自分たちでやります」と拒絶されてしまいました。

それから二人は、気が狂ったように子どもたちと格闘したのでしょう。一週間後には、子どもたちが見違えるように動くようになっていました。

ところが、それから三日もしない内に、二人で校長室にやって来て、

「オペレッタは、学習発表会で行った学年だけにして、後の学級は、体育の発表にしてもらえないでしょうか。」

と、弱音を吐いたのです。

「全学級で、オペレッタをし、全学級で器械運動を発表するところに価値があります。出来栄えは問いません。先生も子どもたちも課題に挑戦することに価値があるのです。結果についての責任は、すべて、私にあるから、全員で力を合わせて挑戦しましょう。」

私の迫真の言葉に、二人は納得するしかありません。

私は、出会った時から、この二人の教育にかける情熱の素晴らしさに一目も、二目も置いていました。ですから、二人と喜んで心中する覚悟でいました。

それから両担任がどんなに苦労をしたか、子どもたちと血のにじむような格闘を繰り返したのか、想像に難くありません。以後、日に日に見違えるほど、子どもたちの表現が洗練されていきました。

あれから二度と弱音を聞くことはありませんでした。

公開研究会が近づくにつれ、私たちはいよいよ追い込まれ、先生たちの可能性も子どもたちの可能性も、火山のマグマのような熱気を放ちながら、こんこんとあふれ出ていました。

【公開研究会を控えて――つながり合う仲間たち――】

一月中旬になり、公開研究会まで後わずかとなりました。一月の二十日から三日間、宮坂先生と戸田先生の最後の指導を受けることになりました。

ところが学校は、インフルエンザが流行り、学級閉鎖になる学年や、三人ほど担任も休むなど、環境面でも追い込まれていました。

先生が休んだ学級では、公開研究会でする場面まで授業を進める必要がありました。何日も続けて休んでいる学級が心配で、私が授業を進めていると、二人の六年担任が、

「校長先生の授業見せてください。」

とやって来て、しばらく参観していましたが、見るに見かねて、いつの間にか私の代わりに二人で授業を進めてくれました。

全学級の教材解釈をみんなで行ったので、誰もが、どの学年でも授業をすることができました。その上、悔しいことに、私よりはるかに授業が分かりやすいのです。隣で見ていて、子どもたちが、私の時より、授業にどんどん主体的に入っていくのが良く分かりました。

このころ、私の頭を一番悩ましていたのは、オペレッタの取り組みです。

特に一月から始めた三年生、四年生、五年生は、先生たちが歯を食いしばって頑張っていましたが、先生も子どもたちも初めての挑戦なので、なかなか思うように進みません。私は、このことに一睡もできない程、悩み、追い込まれていました。そこで、若いころよりご指導を仰いできた大先輩に、校長室から電話相談を試みました。

「そりゃぁ、田中君、公開研究会だぞ。どんなレベルが要求されるか分かっているだろ。開き直って、あなたが指導せにゃ、大変なことになるぞ。」

と、激を入れられました。

「そりゃそうだ！」

とばかりに、私は、ここからは、「上位下達の信長型で良い。前面に立って指導するぞ。」と決意しました。

すぐに、体育館の使用予定を見ると、ちょうど五年生がオペレッタをしています。私は、大きく息を飲み、体育館に勇んで駆けて行きました。

体育館入り口の戸を一旦開けましたが、様子を見るとすぐにまた閉めて、校長室へすごすごと帰って来ました。体育館では、五年生と三年生が互いの表現を見あって、子ども同士が感想や工夫したらいいと思う点などを話し合っていたのです。

子どもたちも先生たちも、自主的に交流し合い、学び合っている様子です。私が出てはならないと思いました。教育は結果ではないと職員に公言しながら、いつの間にか若き日に見た公開研究会での子どもの姿を物差しにして、結果を求めようとしていた自分を恥じました。この事件を境に、一生懸命に学び合う子どもや先生の姿そのものがとても尊く美しいと心から感じられるようになりました。公開研究会まで、残すところ二十日余りとなると、このような異学年間の交流は益々盛んに行われるようになりました。

日ごとに学校の空気が変わっていくのが分かりました。子どもも先生もこんなに可能性が引き出されるものなのかと信じられないほど、日々変化を繰り返しています。

もしゴッホの絵のような空間のゆがむような狂気の世界が実際にあるとすれば、学校全体がなにかそのような空気感に包まれていたように思います。

【一年生の姿――発達段階とは何か――】

公開研究会で行う一年生の前回りを見てほしいと担任から頼まれ、体育館に行ってみると、背筋がピンと伸びた美しい姿をした一年生がずらりと並んでいました。

体育館に入った瞬間に、集中した美しい空気感に包まれています。

担任の先生のマットを準備するようにという指示で、一年生がグループごとに順々にマットの重ねてある台車のところに行きマットを用意するのですが、一つのグループが台車からマットを運ぶと、それにぶつからない間隔を考えて、次のグループが動いていきます。それだけでも感動したのですが、足元を見ると、どのグループもなんとつま先立ちでマットを運んでいきます。マットを運ぶ時も、みんなが足音を意識して運んでいたのです。あまりの意識の高さ、姿の美しさに言葉を失いました。

これだけ自己コントロールができる子どもたちです。伸膝の難しい前回りですが、あっという間に全員ができるようになりました。たった一回の指導で、公開できるほどのレベルに到達してしまいました。

一年生でこれだけ美しい姿を引き出せる二人の担任、岩佐絹子先生、山本洋子先生のお力に感服しました。「子どもの発達は、担任によります」という宮坂先生の言葉がすっと浮かんできました。

私は、すぐに他学年の先生にこのことを知らせました。マットの準備、片づけでも良いから見させてもらったらと宣伝をしておきました。

この一年生の恐ろしい姿は、他学年の指導に少なからぬ影響を与えたと思います。

【宮坂先生との勝負――教材解釈の合宿――】

朝となく昼となく、職員室は、教材解釈についての熱のこもった話し合いで満ち溢れていました。

そんなある朝、駐車場に車を止めようとする私の前に両手を広げて川吉先生が急に立ちはだかりました。

「校長先生！　発見しました！」

私の車は、後、数メートルで駐車できるのに、それを待てぬほどの興奮ぶりです。これは教材解釈で凄いことを発見したに違いないと思いました。案の定、発見した教材解釈を私の顔に唾を飛ばすのも構わず、わあわあとわめきたてるのですが、こちらの頭は、まだ起動していません。何の教材について語っているのかも把握できないほどです。

もう一度、職員室で彼の教材解釈を聞くと、すぐに人垣ができて、仲間たちが彼の解釈に反論をするなど大騒動となりました。

私は、少しずつその輪から外れると、興奮の渦に包まれた職員室の片隅にたたずみながら、朝からこのハイテンションで、帰るまで持つのかなぁ……などと余計な心配をしていました。

なぜ、このように職員が教材解釈に夢中になっているのか。それは、いよいよ宮坂先生との最後の時を迎え、その教材解釈を超えようと、みんなで一丸となっていたからです。

学校だけでは飽き足らないと、職員は、研究主任の家をねぐらに、教材解釈の合宿を自主的に行いました。

実に公開研究会の二週間ほど前のことです。

この自主合宿には、事務さんも加わり、夜通し、教材解釈を行ったようです。しかも二回にわたり。

このように、宮坂先生との最終決戦に、勝利を誓い、みんなで全学級の教材解釈を行って来たのですが、果たして結果はどうだったのでしょう……。

一月二十日に宮坂先生がいらっしゃった時に、一学年ずつ宮坂先生と解釈をめぐって対峙しました。

私は、公平な審判役として、全学年の解釈勝負の行司を勝手に買って出ていました。

一年生から順番に挑戦していきました。

「やられたー。」

「首をそろえて討死だー。」

「玉砕だ！」

と、叫びながら職員室で待つ仲間に、大声で敗北宣言を次々と行っていたようです。敗北宣言をした仲間に、宮坂先生との教材解釈の違いを聞くと、今度こそと、勇んで果たし場にやって来るのですが、ことごとく敗れ去っていきました。

みんなで束になっても、合宿をしても勝てない宮坂先生の教材解釈の奥深さに、誰もが畏敬の念をもちました。

果たし合いは、夜の九時過ぎまで続きました。

宮坂先生は、すべての対決を終え、学校から出る時に、

「田中さん、すべて私の勝ちですね。」

こう、私につぶやかれました。その言葉を聞いて、私は最初、「大人気ない。」と思いましたが、すぐに、なぜか、ぽろぽろっと涙がこぼれました。理由は良く分かりません。宮坂先生も職員たちも、何だかこの世の美しい宝のように思えて、壊さないように胸にそっと押し抱きたくなりました。

戦いを終えてホテルに向かう途中で、宮坂先生が、

「いや、驚きました。どの先生も、教材が書き込みで余白がないほどに真っ赤になっていました。こんな学校やこんな人たちに私は出会ったことがありません。たいがいの人は、私の解釈を聞いて、それを授業して終わるのですが……。」

とおっしゃいました。

【宮坂先生の見立て――一月の指導を終えて――】

一月に宮坂先生だけいらっしゃった時に、私におっしゃった言葉を「失敗話・恥話」にまとめて、

職員に配布しました。その中から抜粋してお伝えします。

失敗話・恥話（宮坂先生の指摘――成果と課題――）　H二八・一・二二　田中

今回の校内研修会で宮坂先生からお聞きし、特に印象に残った言葉をいくつか拾ってみます。

初日、八時過ぎに学校を出られるときに

「私は、生まれて初めてこのような人たちに会いました。最後にまさかのようになすごい（学びに能動的な）人たちに出会わせていただけるとは思いませんでした。」

宿までの車の中で、

「たくさんの学校に行ったのですが、あんなに教材に書き込み、徹底的に意味を調べ、つきつめて教材解釈をしている人たちに出会ったことはありません。すべての先生たちが、そうしているのですから驚いています。しかも、どの解釈もかなりの水準まで行っています。一年半でここまで来るのは奇跡ですよ、これは。先生たちもこれまでの教職経験の中で初めてではないでしょうか。この体験はきっとこれからの財産になりますよ。ここでの実践を通して人生が変わったんじゃないでしょうか。」

次の日、授業をすべて見終えられた後の言葉です。

「すべての先生の授業が変わってきています。言葉にうんとこだわっているし、この方向でよいと思います。ただ、まだ、数人の子どもを相手に授業をする習慣から抜け切れていないところが見られるので、グループをもっと活用し、周辺でこぼれる子どもをいなくするという自覚を持つ必要があると思います。」

「特別支援学級の授業には、びっくりしました。特別支援だからといって、子どもを見くびって、どこでも適当なことをするのですが、ここでは他の学級と同じことをさせているわけですから。しかも、感覚で異化された言葉（作者の仕掛け）をズバリ抜き出すのですから感動しました。何か本質的なものを抜き出す感覚が子どもにあるのかも知れませんね。方向性を共有していることも素晴らしいけれど、解釈をその子の状況に合わせて生かして、子どもを伸ばそうとする（特別支援学級の）先生たちの教育観がすごいと思いますよ。」

そして、繰り返しおっしゃった言葉です。

「子どもも先生たちも、すごい水準になっています。県内のすべての先生に声をかけて、できるだけ多くの人に見てもらいなさい。もったいないですよ。よく短期間でこの水準まで来ました。本当に奇跡です。これまで数多くの公開研究会に立ち会ってきましたが、これまでで間違いなく最高のレベルです。とても初めての公開研究会とは思えません。もう何年も公開している学校のような水準です。だから、もったいないですよ。」

そして空港までお送りする車の中で、

「いいものを見させてもらいました。心が浄化されました。ここの先生たちも子どもの（美しい）姿を見て心が浄化されていますね。子どもも垢抜けてきましたが、先生たちの顔もすっかり変わってきています。」

私たちは、厳しく要求を出して子どもたちを育てているとばかり思っていましたが、実は子どもたちから多くの感動を受け取って、その感動が逆に私たち（教師）を育てているという素敵な関係性に気付かされました。教職とはなんて素敵な職業なのでしょう。

公開に向かって、子どもも私たちも心がいよいよ純化されて来ています。

素晴らしい研究者からこのような素敵な評価をいただいたわけですから、先生たちには、自信を持って公開研究会を迎えてほしいと思いました。

【相乗効果と心の浄化作用】

公開研究会の三日前に、宮坂先生が一人で最後の指導にいらっしゃいました。

指導と言っても、二日後が公開日ですので、学年別に先生たちの最終的な教材解釈を聞いたり、器械運動や合唱、表現のリハーサルを見て、最後の手入れをされたりするだけです。

リハーサルの一年生の表現を見ながら、宮坂先生がふと次のようにおっしゃいました。

「心が洗われますねぇ。」

にこにこしながら目を細めて子どもの姿を見つめていらっしゃる表情は、慈愛に満ちています。

「田中さん、先生たちも子どもの美しい姿から心を浄化されていますね。」

と続けられました。

実は、このことは、一週間くらい前から私も感じていました。

先生たちは、他学年と交流をし、子どもたちの美しい姿に感動し、泣いている姿をたびたび見かけていたからです。

子どもの美しい姿に感動し、教師が目の前で涙を流すと、それを見て子どもたちが益々集中して演技するようになり、またその姿を見て先生たちが泣くというプラスのスパイラル現象が起こっていました。

先生たちの涙腺は、すでにぼろぼろで、子どもが歌っている姿を見ては感動して泣き、表現している姿を見ては泣き、歩く姿を見ては泣き……そういう教師の姿を見て子どもは、益々美しい姿を見せるというあり様でした。

組織が方向性を共有し、互いに影響し合うと、相乗効果が生じ、個人でいかに努力しても到達しえない世界に入り込むことができると思いました。

【公開研究会前日――降りしきる雪明かりの中で――】

前日から、山陰地方は、大雪に見舞われました。公開研究会の開催が危ぶまれるほど降りました。実際に、前日、数人の方からキャンセルの電話をいただいていました。

安来市の教育委員会から明日臨時休校にするかどうか、校長会の役職を務めていた私に相談の電話があったくらいです。安来市中のブルドーザーを貸し切って除雪作業をしてでも、明日だけは、休校にするわけにはいきません。教育委員会もギリギリのところで、判断を各校の校長にゆだねてくださいました。後は、雪の量により、交通機関がマヒするので時間の調整をしなければならないかも知れないと考えていました。

ほとんど準備が終わったにもかかわらず、先生たちは、明日歌う「大地讃頌」の指揮を宮坂先生に教えてもらったり、単におしゃべりに来たりと、誰彼となく校長室を訪れました。その屈託のない先生たちの様子に、同席されていた一莖書房の斎藤草子さんが、

「これだけ先生たちが解放され、自由に校長室に入って来る姿に驚きます。いいですねぇ。」

とおっしゃいました。日常の風景のように思っていたので、この言葉にはっとし、改めて解放された先生たちの姿にいとおしさを覚えました。

午後八時過ぎに、宮坂先生をいよいよ宿にお送りする頃には、真っ暗な空から雪がしきりなしに降り、積雪はすでに三十センチを超える様子でした。降りしきる雪を見上げながら、明日の天候を心配する私の心をよそに、駐車場に向かう道半ばで宮坂先生は、しんみりと次のようにおっしゃいました。

「田中さん、なんだか寂しいですねぇ。」

「えっ。」

私は、思わず聞き返しました。明日いよいよ決戦の火ぶたが切られようとしているのに、宮坂先生は、何をおっしゃっているのだろうと、耳を疑いました。

「私は、先生たちと額を突き合わせ、もう解釈ができなくなるかと思うと寂しく思います。あの時が楽しかった。」

この言葉を聞いて、理由はそれぞれであっても、涙を落とさない職員は、本校にはきっと一人もいません。

案の定、公開日の朝、校長室にやって来た川吉研究主任にだけこのことを伝えたのですが、彼は、膝に手を置き、泣き崩れていました。

宮坂先生は、本気で職員たちと向き合ってくださったのです。

どの先生の教材にも、真っ赤になるほど教材解釈が書かれているのをご覧になり、職員の真摯な思いが伝わっていたのだと思います。

職員の中には、とことん自分たちの力で考えた挙句、宮坂先生にバッサリ切られるのが気持ちいいなどという者も何人かいました。

この段階になると、アドラーの言う「勇気づけ」のレベルを超え、たくましく自立した教師として巣立っているように見えました。

もし、これ以上の姿を求める理論があるとしても、私はここまでで十分だと思えました。

【全国公開――「命、この美しきもの！」――】

平成二十八年二月十日、ついに全国公開研究会の日を迎えました。大変な大雪にもかかわらず、遠くは、群馬県から総勢五十名程の参観者を迎えることができました。

一、二時間目は、国語の授業を一組と二組に分けて行いました。

「どの子ども活躍をするところがあれば、それでいいと思います。」

と宮坂先生はおっしゃっていました。追求の授業は、「質」が高いので、全員に考えを持たせたり、発言させたりするのはなかなか困難です。授業が深くなればなるほどこの傾向は強くなります。

その為、全員に考えを持たせるために「グループでの話し合い」を多用し、友達から意見をもらうようにする作戦を全担任が宮坂先生から指導されていました。

どきどきしながら宮坂先生と二人で全学級の授業を見て歩きましたが、どの学級も子どもたちが活躍していて、とてもうれしく思いました。

六年生の授業では、事務さんがビデオを回していましたが、本松担任に促されて、授業に入って意見を述べたというようなことがあったようです。通常の学校では絶対にありえないことです。子どもの可能性を追求するのに、あらゆる人材を利用するという学校の解放性が本番でも見られたということです。

また、二つの特別支援学級の子どもたちも、言葉にこだわった授業を展開し、先生たちの解釈を上回るような意見を出している姿にびっくりさせられました。追求の授業の可能性を特別支援学級の先生たちが見事に取り入れていらっしゃる姿にとても感動しました。

宮坂先生の開発された「追求の授業に」は、子どもの可能性を引き出す確かな原理がある証だと思います。

さて、この日行った公開の内容を簡単に紹介します。

一年生　授業「スイミー」　　表現「おむすびころりん」　体育　前回り

二年生　「私はおねえさん」　「大工と鬼六」　柔軟運動

三年生　「モチモチの木」　「手ぶくろを買いに」　開脚後転
四年生　「あとかくしの雪」　「かさじぞう」　開脚飛越し
五年生　「夏のわすれもの」　「子どもの四季」　台上前転
六年生　「ヒロシマの詩」　「利根川」　倒立前転
なかよし（知的）・あおぞら（情緒）　詩「なまえ」
全校合唱「美しく青きドナウ」　高学年合唱「大地讃頌」　低学年合唱「河原」

すべての発表が終わると、体育館で参観者と職員が丸くなって意見交換を行いました。また、たくさんの感想もお寄せいただきました。その中から一つご紹介して、研究発表会当日の紹介を終えます。

研究会は、ライブです。いくら言葉を尽くしてもその場にいた者の感動や臨場感をお伝えすることは不可能です。例えば、私は、この日の子どもの姿から「命の美しさ」をしみじみと感じたのですが、それは、感覚の世界なので実際に見た者でないと、きっと分からないと思います。素晴らしい絵や音楽を聴いて感動したことを他人に伝えられないのと同じです。

（全校合唱）　（柔軟運動）　（器械運動）　（表現）

【参観者の感想より】

金曜日には、素晴らしい研究会に参加させていただき、愛知から来てよかったと思いました。主体的で解放された学校の雰囲気でありながらも、同じ教材や表現という同じ土俵で追求する厳しさを乗り越えられた先生方は、謙虚な自信に満ちて見えました。

学んだことは書ききれませんが、「子どもを輝かせる教師こそが、輝く教師」と社日小の皆さんの姿を胸に刻み込んでおきたいと思います。～略（田中）～

そして、「子どもたちを怖いと思うようになった」と言われた社日の先生方の感想に、子どもに対する誠実さを感じました。また、社日小学校のように教師によって子どもは輝くことも、全くその逆の姿を現すこともあり、「教育の怖さ」を忘れないでおこうと思いました。

「表現科目」は、ほめることが見えやすく、それが確実に増えていくというようなことも社日小の先生はおっしゃいましたが、本当に、表現することの素晴らしさを生で見せていただき、子どもの可能性を事実で証明していただきました。見る方も清々しく、嬉しく、ありがたく、夢と希望を与えてくださいました。子どもたちにも感謝をお伝えください。

【職員の感想より】

職員もこの日学んだことを、それぞれ書き、共有していましたので、その中から川吉先生の学んだ内容を紹介しましょう。

（一）授業について

○ 国語では、解釈を進めるため、合宿をして柔らかい空気の中、じっくりと考えることができた。子どもたちが深い読み取りにたどり着つけるように、方法を複数準備することができた。しかし、当日、子どもが考えやすい選択肢を作れなかったことに悔いが残っている。

○ 子どもたちが、言葉にひっかかる力がついてきていることは、実感できた。それを、整理分類する力をこちらがつけていないと、袋小路にはまってしまう。

○ 宮坂先生が推薦された教材を拒んで、「ヒロシマの詩」という教材に挑戦したことは、宮坂先生に頼らないというモチベーションにつながった。

○ 体育は、あの空気の中、納得いくまで何度も挑戦する子どもの姿に感動し、自然と涙が流れた。これまでの教員人生の中で初めての経験だった。可能性を引き出すための大舞台を準備して良かったと思った。授業でも、合唱でも、体育、表現でも、子どもが困難に立ち向かう姿は、とても愛おしい。

（二）構え（学びの）について

○人の話を聴いて、それにお返しをする（反応する）などの「学びの構え」は要求し続けないと、子どもの自覚随意（無意識で、できる状態）にはつながらない。戸田先生が、「血を吐く思いでやってきた。」とおっしゃった意味が、やっと分かった気がする。

○常に仕事をする子どもがいる教室は、空気が透き通っている。それが気持ち良いと感じる文化は、四月のうちにつくり上げてしまうことが大切だと思う。

○「構え」についても、どちらが良いか選択肢を与え、決めたことについて責任をとらせたい（要求し続けたい）。自己コントロールのキーワードは、「真・善・美」である。

（三）教材解釈について

○大勢で行う教材解釈は、様々な考えが出されとても新鮮で、新しい視点をもつことができた。仲間と教材解釈することがいかに大切か学ぶことができた。他学年の教材を解釈したことは、これからの財産になると思う。ああだ、こうだと言い合うことができる空気は、とても楽しい。

○宮坂先生をぎゃふんと言わせたい思いもあり、夢中になった。ただ、宮坂先生に提示された「展開の核」を軸にすると、文学教材の全体がつながって見え、新しい解釈が生まれた。参りました。

（四）表現について

○本番直前まで、子どもたちと構成を考えた。しかし、それをまた本番で変えてくる子どもたちには、感動で言葉が出なかった。最初に利根川をしたときに、ある女の子が「こんな辛気臭いの嫌だ。」とぼやいていた。その子が、今では「ソロが歌いたい！」と要求してくるようになった。（表現の世界は恐ろしい。子どもの可能性をどんどん引き出していく。）

○　表現にも解釈が必要で、一つ間違えると、ただの物まねになってしまう。宮坂先生が「顔を映している川は、どこにあるの？」と子どもに問いかけておられた。その具体性や細やかさが表現の質を高めることにつながると感じた。

○　一人がする動きを全員がやってみる。その良いところを演じる人がすぐに取り入れる。そして、ほめる。それを繰り返す。それを続ければ子どもは楽しくなってくるし、自分を高めようとする構えが育っていくと思う。

○　全体が動いている時に、宮坂先生は一人の男の子の美しい動きを見逃されなかった。幅の広い視野と、鋭い視点を自分も手に入れたい。

（五）合唱について

○宮坂先生から「先生の指揮をやめて子どもに歌わせてみなさい。」と言われ、そうしてみると、子どもたちは自分の指揮がなくても素晴らしい歌声で「大地讃頌」を歌った。それを聞いた時に、正直焦った。宮坂先生に、「子どもたちだけでこれだけ歌えるのだから、それ以上のものが引き出せるのなら指揮をしなさい。」と言われたとき、もっと焦った。それからすぐに校長室に行き、指揮の指導をしていただいた。恥ずかしいという思いはなかった。子どもたちと対峙し、さらに高みに行こうとしたときに、いつでも教師はへそを出せると思った。

○　本番の指揮が終わった後、宮坂先生に「楽しかったです。」と伝えると、「そこで、満足しては駄目ですね。」と言われた。宮坂先生は、強優しい（強くて優しい）人だ。

（六）その他

○研究会が終わってから行った参観者との意見交流で、ほめ言葉をたくさんかけてもらい嬉しかった。きっと子どもも一緒だろう。普段から些細なことでもよいところを見逃さない感覚を身につけていかないといけないと改めて実感した。初めての挑戦だったが、全国公開研究会は、自分の宝になった。苦しいけれど楽しい時間が過ごせてよかった。

公開研究会に限らず、校内授業研修会を終えるたびに、その時に学んだことをみんながこのように言葉に残し、同僚の学びを共有することにしてきました。（一）から（六）までの項目は、共通して書き記していました。このことについては、主幹の大森俊一先生がずいぶん骨折をしてくださいました。また、このような実践ができたのは、山根肇教頭先生が、校内の諸課題を適切に処理し、本質的な仕事に集中できる環境を与えてくださったお陰だと感謝しています。

【宮坂先生のお手紙より】

全国公開研究会が終わってから、宮坂先生からお手紙をいただきました。私について書かれている部分は省き、社日小学校の取り組みを分析して書いていらっしゃる部分だけ、紹介します。組織の可能性について読み解くことができると思います。

田中様

公開研究会に至るまでの二カ月間のご指導、お疲れ様でした。

二月十日に拝見した国語の授業、合唱、体育、表現は、どの学級も質的に高く、このような実践に出会えて、感動しました。〈～略（田中）～〉

昨年十月に訪問した時、すべての学級の授業の質が向上していたので、半年後の三学期にその更なる成果を見届けたいと思って、私の方から訪問をお願いしました。その時は、国語の授業を見せてもらうつもりでした。ところが、それが国語の授業だけではなく、全学級の合唱、体育、表現を含む公開研究会となって実現してしまいました。しかもそれがきわめて質の高いものとして展開し、びっくりしてしまいました。何年も公開している学校の水準でした。

田中さんの指導で十月までに基礎的なものが出来上がり、それが公開研究会を目的とする過程で、爆発的、飛躍的に大変化をつくり出したのではないかと考えています。

田中さんのお話してくださった数々のエピソードを一年がかりに私が想像したのは、十二月から二月にかけて社日小学校で生じたのは、相乗効果だったのではないかと思います。

その大体は、合唱、体育、表現だと思っています。とりわけ体育と表現ではないかと思います。体育と表現はきわめて具体的で、その動作の変化は、誰の目にもとまります。子どもと子どもの間、教師と子どもの間、学級と学級の間、学年と学年の間で日々話題になり、それは一人ひとりの変化、向上につながっていきます。社日小には、一月中旬から二月中旬までの一か月間、このような相乗作用が起こっていたのではないかと思います。

もう一つの相乗効果は、国語の教材解釈をめぐって、教師間で、学年の壁を越えて、様々な意見が交わされたことがあげられます。全員が様々なかたちで、教材の解釈というものに没頭し、意見を交わし、新発見に出会うという体験をし、自分を変えていく体験を積んだことにあると思います。

田中さんのおかげで、この二年間、はじめて体験するようなことに出会い、よい勉強ができました。

本当にありがたくお礼申し上げます。〈～略（田中）～〉

二月十七日　宮坂義彦

【卒業式――全校表現――】

最後に、「記憶に残る卒業式」と題した校長室便りより抜粋し、卒業式の様子をお伝えしたいと思います。

三月十六日（木）に卒業式を行いました。四十五名の卒業生が凛とした美しさをたたえながら社日小学校の学舎を巣立っていきました。「卒業して校舎を後にするまで自分の可能性を引き出していきたい」という卒業生の思いと「終わりの瞬間まで子どもの可能性を引き出してやりたい」という職員の思いから、二部構成の卒業式を行いました。

昔、県外では例があるようですが、県内ではおそらく教育史に残るような珍しい試みです。

何より、二月十日の全国公開研究会を通して、子どもの無限の可能性を目の当たりにした私たちは、教師の考えた言葉を子どもに言わせるだけの形式的な呼びかけでは、子どもの可能性を引き出すことはできないと考えるようになっていました。

二部構成の一部は、「厳粛な儀式の中で卒業証書授与式」を行い、二部は「卒業式をお祝いする会」とし、六年生とのいよいよお別れの最後に「全校表現」の共同制作に取り組むことにしました。

全校児童による共同制作は、全教職員の共同制作でもありました。三百人を動かすのは容易ではありません。夜遅くまで残り、実際に先生たちが表現に取り組み、自分たちで作品を創ってみるなどの試行錯誤を繰り返しながら、子どもの指導にあたりました。私は、全職員が一致して本気でこのような準備をしている時点で、この取組は成功すると確信していました。

こうして迎えた本番。一部は厳かな雰囲気の中で子どもたちが堂々と卒業証書を受け取りました。二部は、会場いっぱいに子どもの美しい姿や歌声が溢れました。

最後は、全校児童全員が「利根川」になりました。

堂々と美しい姿で退場する卒業生に会場から惜しみない拍手がいつまでもいつまでも贈られていました。

LIVE THE
LIFE

四、おわりに

私は、若い時に広島県世羅郡の太田小学校の公開を見て、その組織力に感動して以来、オーケストラの指揮者のような校長になりたいと思ってきました。現役時代の学級通信の題は、「オーケストラ」とか「芽吹く」に決めているようなところがありました。

しかし、校長として渡り歩いた三校とも、終わりころになると私は指揮をするのをやめ、団員たちの奏でる音楽に、ただうっとりと耳を傾けているだけでした。指揮をしなくても、豊かな音楽が創造され続けていました。いったい、指揮者たる組織の長の仕事とは、何なのでしょうか。

そして、オーケストラの指揮者が楽譜を媒介として、演奏者とのコンタクトを図るとしたら、学校という組織での楽譜とは何を示すのでしょう。

私は、学校における楽譜とは、年度当初に例外なくどの学校でも校長から示される「学校の教育目標」だと思っています。いわゆる組織の目標です。

「主体的に考える子」を育てるという目標を掲げたら、それをできるだけ具体的に解釈して伝えていく作業が必要だと考えています。校長の解釈を伝えなければ、団員がその方向で演奏を行うのは不可能です。その解釈を伝えることこそ指揮者の仕事の中心です。

例えば「主体的に考える子」という目標であれば、授業の中で子どもの「主体的」な姿を引き出す為に、教師が絶えず課題を与えるのではなく、子ども自身の教材に対する疑問を大切にしましょうとか、「考える」というのは、「思う」と違い、「選択をする」ということだから、授業の中で、子どもの様々な意見を選択肢として、どれが正しいか考えさせる授業に変革しましょうというように、事実に即して、繰り返し、具体的に教育目標の解釈を伝えることが大切だと考えます。そして、教育目標の解釈は、教育そのものについての解釈につながっているという自覚が必要です。抹消を捉えながら本質を語らねばなりません。

それを年度当初に、校長がただ学校の教育目標だけを示して終わるのは、団員に楽譜を与え、後は各パートで好きに演奏してくださいというのと同じで、主張を持った緊張感のある演奏などできるはずがありません。組織としての演奏の放棄です。

校長の解釈で教育を実践してみた時、子どもの事実が見事に動けば、それが皆の自信や意欲になったり、校長という指揮者の信頼になったりすると思います。

指揮者は、解釈さえしっかりと伝えてしまえば、あとは優秀な団員が互いに影響を受けたり、与えたりしながら、その方向で深遠なる音楽を追求してくれます。

私はこうして、最後にはゆっくりと指揮棒をおろし、指揮者がいなくても何ら変わりなく素晴らしい音楽を奏でる様子にただただ感動し、その音色にうっとりと聞き入っているだけでした。時には指揮者の解釈を超える音に出会うこともあり、学ぶこともたくさんありました。

私に、教育や授業について深い解釈力を与えてくださったのは、この本の中に何度も登場した宮坂義彦先生、戸田淳子先生を初め、若き日の無分別なわたくしを我慢強く温かく導いてくださった秋田健一先生（元安来市立島田小学校校長）、サークルの仲間たちだと思っています。

三月二十四日に、私にとって最後の終業式が終わった後、なつかしい同僚や、地域の方が次々とお別れに訪れてくださいました。その対応に追われ、退職の余韻にゆっくりと浸ることはできませんでした。

あっという間に最後の日を迎え、その朝、来客対応を終えると辞令交付式に向かいました。教育長より退職辞令を受け取っても、退職の実感がまったくわかず、自分の心と体がまるで別人のような感覚を覚えていました。

小雨の降る中、辞令交付式から校長室に帰ると、妻に感謝の手紙を書きました。お礼の手紙を書き終わると一息つき、椅子にもたれて静かに校長室を見まわしました。

がらんとした校長室の景色に、にわかに寂しさが込み上げてきました。

やがて、昨年十月にお二人揃っては最後のご指導に来ていただいた折の姿が浮かんできました。

指導を終えて、星空の下を歩きながら宮坂先生が、

「田中さん、あなたは幸せですね。最高の校長ですよ。退職の年の最後に、全国公開ができるのですから。それに、こんなに素晴らしい先生たちに出会えて。」

とおっしゃいました。戸田先生がそれに続けて、

「私も、ここの先生たちに会えるだけで幸せです。いい先生たちですね。」

としみじみ述べられました。

私は、先生たちのことをよく言ってもらい、喜びに満たされて、

「はい。」

とだけ答えました。その時の情景がありありとよみがえります。

それを振り切るように、私はやっとの思いで校長室を後にしました。


いったん家に帰ると、午前0時に、再び社日小学校の校庭に立ちました。もしかしたら、どこかの校長のように体育館から子どもたちの歌声が聞こえてくるかもしれないと期待をしましたが、電波時計が午前0時を指しても何の変化も見られませんでした。校長自身は何の仕事もしなかったから当たり前だなと苦笑いです。それでも晴れ晴れとした思いになりました。

朝から続いていた雨はすっかり上がり、向かいのビルの照明に照らされて、社日桜のつぼみが校庭の芝生の水たまりに浮かんで見えました。

私は、緑の芝生の校庭の中央に進むと静かに「利根川」の最後を一人で演じました。

「人は、
未来を

大きくつくり
川は、
自然を
美しく
つくっていく。」

万感の思いを壊さないように、私は胸を高く保ち、精一杯の美しい行進で学校を後にしました。微塵の悔いもなく、充実した三十八年の教職の歩みをここに終えました。


私は、社日小学校のことを書くのを随分ためらいました。一莖書房の斎藤草子さんから何度もお話をいただきましたが、その度にお断りをしていました。本を書く力量のないことは自分が一番分かっていましたし、何より私は校長として特別何もしていないように思えたからです。ぐずぐず断っていることを知った妻から、ある時、次のように迫られました。

「今のあなたがあるのは、宮坂先生のお蔭ではありませんか。記録を残してはどうですか。」

あの優しい妻がいつになく鬼のような形相です。その迫力に押されたので、「分かりました。」と返事をしてしまいました。

その後、幾度となく挫折しそうになりましたが、たび重なる斎藤草子さんの温かい後押しもあり、完成に至りました。心より感謝申し上げます。

また、最後になりましたが、温かな眼差しで本校の実践を見つめ、支えていただきました、安来市の勝部慎哉教育長様に衷心よりお礼申しあげます。

平成三十年一月十日

〈著者略歴〉

田中量雄（たなか・かずお）

島根県安来市出身。昭和32年（1957年）1月生まれ。昭和50年都留文科大学初等教育学科に入学。大学の体育館で斎藤喜博先生の集中講座である跳び箱指導を偶然参観する。これが運命の糸の先端であったことを後に気づく。

昭和54年、安城小学校を皮切りに教職に就く。以後、東須佐小学校、南小学校、飯梨小学校、社日小学校、宇波小学校、十神小学校などに勤務。昭和59年、南小学校時代に宮坂義彦先生主宰の授業研究の会や山陰教育サークルに出会い、そこで、斎藤教授学の授業研究にのめり込む。平成14年に中村中学校の教頭に、平成23年に海潮小学校校長となる。

平成29年3月に安来市立社日小学校を退職。最後の年は、安来市小学校校長会の会長を歴任する。現在は、新規採用教員の指導や大塚ふれあい（人権）センターの館長職の傍ら、講演活動を精力的に行っている。

講演の演題は、「AI時代に求められる積極的な生徒指導〜主体的に自分で判断し行動する力の育成〜」、「新学習指導要領の授業論〜主体的・対話的で深い学びのあり方〜」「わが子がAI時代をたくましく生き抜く子育て法〜私は見た！　親を恨む子・感謝する子〜」、「差別の根っこを絶つ！〜理性を育てる教育〜」等、演題は子育て論、授業論、生徒指導、人権教育と多彩。笑いあり、涙あり、感動ありの講演として好評を博す。

講演活動や新規採用教員の指導を通し、宮坂義彦先生から学んだことを次世代に伝えることを使命としている。

住所：〒692-0063 島根県安来市植田町799番地

180度の奇跡　学校が変わった

2018年5月18日　発行

著　者　田中量雄
発行者　斎藤草子
発行所　一莖書房
〒173-0001　東京都板橋区本町37-1
電話 03-3962-1354
FAX 03-3962-4310

組版／四月社　印刷・製本／アドヴァンス
ISBN978-4-87074-213-0 C3037